本書の特色と使い方

5段階指導で　どの子にも　確実に　高い漢字力が　身につきます。

1 **書き順**

正しい書き順が身につくよう，はじめに書き順を何度も練習しましょう。

読み方は，小学校で習うものを書いておきました。

2 **漢字の読み**

書き順のページを見て，どんな読み方をするのが一番よいのか考えて書きましょう。

答えあわせは，なぞり書きのページを見てしましょう。

3 **なぞり書き**

書き順と漢字の読み方を練習したあと，一字ずつお手本をなぞり書きしましょう。

同じページをコピーして何回もなぞり書きをすると，とても美しい文字が書けるようになります。また高い漢字力が自然に身につきます。

4 **漢字の書き取り**

前のページを見ないで，テストのつもりで，ていねいに書きましょう。

書いたあとは必ず，すぐに○をつけましょう。まちがった漢字は，くりかえし練習しましょう。

このページを２～３枚コピーしておいて，何度も練習するのもよいでしょう。

5 **テスト**

漢字の書き取りのページ，数枚につき，１回の割合で，まとめテストがあります。

その学年で習う新出漢字や読みかえ漢字を中心に出題しました。実力テストと思って，チャレンジしましょう。


やさしい手書き文字（書き順を除く）が，子どもたちの心をあたたかくはげまします。

ていねいに 読みがなを 書きましょう

名前

1. 事故を検証する
2. 団地に入居する
3. 水質調査
4. 可能な条件
5. 大勢で混雑する
6. 酸味が強い
7. 略図を確かめる
8. 貸し出しの規則
9. 救助に感謝
10. 快適に移動する

ていねいに 読みがなを 書きましょう

名前

1. 再会を喜ぶ
2. 複数の提案
3. 番組制作の資料
4. 国際情勢の報道
5. 貿易の利益
6. 眼科の医師
7. 綿織物の布
8. 個性的な版画
9. 小麦粉の価格
10. 機械の製造過程

ていねいに なぞり書きを しましょう

名前

1 事故《じこ》を検証《けんしょう》する

2 団地《だんち》に入居《にゅうきょ》する

3 水質調査《すいしつちょうさ》

4 可能《かのう》な条件《じょうけん》

5 大勢《おおぜい》で混雑《こんざつ》する

6 酸味《さんみ》が強《つよ》い

7 略図《りゃくず》を確《たし》かめる

8 貸《か》し出《だ》しの規則《きそく》

9 救助《きゅうじょ》に感謝《かんしゃ》

10 快適《かいてき》に移動《いどう》する

ていねいに なぞり書きを しましょう

名前

1 再会《さいかい》を喜《よろこ》ぶ

2 複数《ふくすう》の提案《ていあん》

3 番組制作《ばんぐみせいさく》の資料《しりょう》

4 国際情勢《こくさいじょうせい》の報道《ほうどう》

5 貿易《ぼうえき》の利益《りえき》

6 眼科《がんか》の医師《いし》

7 綿織物《めんおりもの》の布《ぬの》

8 個性的《こせいてき》な版画《はんが》

9 小麦粉《こむぎこ》の価格《かかく》

10 機械《きかい》の製造過程《せいぞうかてい》

漢字をていねいに書きましょう

名前

1 さいかいをよろこぶ
2 ふくすうのていあん
3 ばんぐみせいさくのしりょう
4 こくさいじょうせいのほうどう
5 ぼうえきのりえき
6 がんかのいし
7 めんおりもののぬの
8 こせいてきなはんが
9 こむぎこのかかく
10 きかいのせいぞうかてい

漢字をていねいに書きましょう

名前

1 じこをけんしょうする
2 だんちににゅうきょする
3 すいしつちょうさ
4 かのうなじょうけん
5 おおぜいでこんざつする
6 さんみがつよい
7 りゃくずをたしかめる
8 かしだしのきそく
9 きゅうじょにかんしゃ
10 かいてきにいどうする

左

書き順に気をつけて ていねいに書きましょう

乱（ラン・みだれる・みだす） 七画	舌（した） 六画	背（ハイ・せ・せい） 九画	射（シャ・いる） 十画	純（ジュン） 十画
一 二 千 千 舌 舌 乱　乱	一 二 千 千 舌 舌	一 十 北 北 北 背 背 背	丶 亻 竹 自 自 身 身 射 射	纟 纟 糸 糸 紀 紀 純 純

新しく出た漢字 P6〜P11 の書き順

名前

訪（ホウ・たずねる） 十一画	展（テン） 十画	蔵（ゾウ） 十五画	域（イキ） 十一画
丶 宀 宀 言 言 計 計 訪 訪	一 コ 尸 尸 尼 屈 屈 展 展	一 十 艹 艹 芦 芦 芦 芦 蔵 蔵 蔵	一 十 北 北 北 垣 垣 域 域

右

書き順に気をつけて ていねいに書きましょう

段（ダン） 九画	腹（フク・はら） 十三画	砂（サ・すな） 九画	穴（あな） 五画	視（シ） 十一画
丶 亻 亻 自 自 段 段	） 月 月 月 盯 胩 胩 胴 脂 脂 腹 腹	一 厂 丆 石 石 砂 砂	丶 宀 宀 穴 穴	丶 ネ ネ ネ 初 初 初 視 視

新しく出た漢字 P6〜P8 の書き順

名前

異（イ・こと） 十一画	洗（セン・あらう） 九画	認（みとめる） 十四画	降（コウ・おりる・ふる） 十画	並（なみ・ならぶ） 八画
丶 口 田 田 甲 甲 異 異 異 異	丶 氵 氵 沪 沪 洗 洗	丶 言 言 言 言 計 計 認 認 認	フ 了 阝 阝 阝 阽 降 降 降	丶 丷 丷 并 并 並 並

ていねいに 読みがなを 書きましょう

1 視点を変える
2 穴をうめる
3 野球の練習
4 砂ぼこりの道
5 腹を決める
6 階段を上がる
7 いすを並べる
8 大通りの歩道橋
9 公園内の遊歩道
10 雨が降る

名前

ていねいに 読みがなを 書きましょう

1 実力を認める
2 洗い流す
3 異物が混じる
4 単純に考える
5 初夏の陽気
6 ガラスに反射
7 背中合わせ
8 ばつが悪い
9 軽快な足音
10 明日以降は中止

名前

ていねいに なぞり書きを しましょう

名前

1. 視点《してん》を変《か》える
2. 穴《あな》をうめる
3. 野球《やきゅう》の練習《れんしゅう》
4. 砂《すな》ぼこりの道《みち》
5. 腹《はら》を決《き》める
6. 階段《かいだん》を上《あ》がる
7. いすを並《なら》べる
8. 大通《おおどお》りの歩道橋《ほどうきょう》
9. 公園内《こうえんない》の遊歩道《ゆうほどう》
10. 雨《あめ》が降《ふ》る

ていねいに なぞり書きを しましょう

名前

1. 実力《じつりょく》を認《みと》める
2. 洗《あら》い流《なが》す
3. 異物《いぶつ》が混《ま》じる
4. 単純《たんじゅん》に考《かんが》える
5. 初夏《しょか》の陽気《ようき》
6. ガラスに反射《はんしゃ》
7. 背中合《せなかあ》わせ
8. ばつが悪《わる》い
9. 軽快《けいかい》な足音《あしおと》
10. 明日《あす》以降《いこう》は中止《ちゅうし》

漢字をていねいに書きましょう

1 してんをかえる
2 あなをうめる
3 やきゅうのれんしゅう
4 すなぼこりのみち
5 はらをきめる
6 かいだんをあがる
7 いすをならべる
8 おおどおりのほどうきょう
9 こうえんないのゆうほどう
10 あめがふる

名前

漢字をていねいに書きましょう

1 じつりょくをみとめる
2 あらいながす
3 いぶつがまじる
4 たんじゅんにかんがえる
5 しょかのようき
6 ガラスにはんしゃ
7 せなかあわせ
8 ばつがわるい
9 けいかいなあしおと
10 あすいこうはちゅうし

名前

ていねいに読みがなを書きましょう

1. 角を曲がる
2. 舌足らず
3. 一輪車が得意
4. 枝分かれする
5. 相手にする

名前

6. 道の両側
7. 正確にいう
8. 乱打戦に勝利
9. 心で賛成する
10. 登場人物の心情

ていねいに読みがなを書きましょう

1. 情景を表す言葉
2. 意見が異なる
3. 効果的に用いる
4. 考え方を想像
5. 山あいの地域

名前

6. 所蔵の美術品
7. 作品を展示する
8. 博物館の見学
9. 書き留める
10. 家庭訪問の予定

ていねいに なぞり書きを しましょう

名前

1. 角《かど》を曲《ま》がる
2. 舌足《したた》らず
3. 一輪車《いちりんしゃ》が得意《とくい》
4. 枝分《えだわ》かれする
5. 相手《あいて》にする
6. 道《みち》の両側《りょうがわ》
7. 正確《せいかく》にいう
8. 乱打戦《らんだせん》に勝利《しょうり》
9. 心《こころ》で賛成《さんせい》する
10. 登場人物《とうじょうじんぶつ》の心情《しんじょう》

ていねいに なぞり書きを しましょう

名前

1. 情景《じょうけい》を表《あらわ》す言葉《ことば》
2. 意見《いけん》が異《こと》なる
3. 効果的《こうかてき》に用《もち》いる
4. 考《かんが》え方《かた》を想像《そうぞう》
5. 山《やま》あいの地域《ちいき》
6. 所蔵《しょぞう》の美術品《びじゅつひん》
7. 作品《さくひん》を展示《てんじ》する
8. 博物館《はくぶつかん》の見学《けんがく》
9. 書《か》き留《と》める
10. 家庭訪問《かていほうもん》の予定《よてい》

漢字をていねいに書きましょう

名前

1 かどをまがる
2 したたらず
3 いちりんしゃがとくい
4 えだわかれする
5 あいてにする
6 みちのりょうがわ
7 せいかくにいう
8 らんだせんにしょうり
9 こころでさんせいする
10 とうじょうじんぶつのしんじょう

漢字をていねいに書きましょう

名前

1 じょうけいをあらわすことば
2 いけんがことなる
3 こうかてきにもちいる
4 かんがえかたをそうぞう
5 やまあいのちいき
6 しょぞうのびじゅつひん
7 さくひんをてんじする
8 はくぶつかんのけんがく
9 かきとめる
10 かていほうもんのよてい

書き順に気をつけてていねいに書きましょう

新しく出た漢字 P13~P15 P17~P19 の書き順

名前

漢字	画数
我《ガ》《われ》	七画
承《ショウ》	八画
蒸《ジョウ》	十三画
処《ショ》	五画
就《シュウ》	十二画
干《カン》《ほす》	三画
層《ソウ》	十四画
恩《オン》	十画

書き順に気をつけてていねいに書きましょう

新しく出た漢字 P17~P19 の書き順

名前

漢字	画数
裁《サイ》《さばく》	十二画
律《リツ》	九画
脳《ノウ》	十一画
臓《ゾウ》	十九画
肺《ハイ》	九画
胃《イ》	九画
腸《チョウ》《はらわた》	十三画

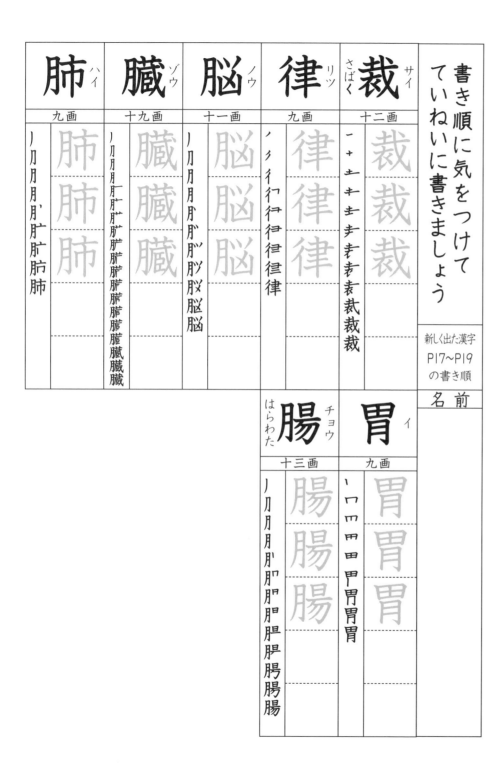

ていねいに読みがなを書きましょう

1. 我々の考え
2. 祭りを伝承する
3. 蒸気機関車
4. 問題に対処する
5. 就職試験

名前

6. タオルを干す
7. 昔の地層
8. 細心の注意
9. 無事に救助する
10. 漢字の形に着目

ていねいに読みがなを書きましょう

1. プロ野球の試合
2. 桜の開花
3. 貨物列車
4. 冷静な判断
5. 手紙を清書する

名前

6. 箱の側面
7. 銀行に行く
8. 同じ部分
9. 規則正しい生活
10. 校庭の花々

ていねいに なぞり書きを しましょう

1. 我々《われわれ》の考《かんが》え
2. 祭《まつ》りを伝承《でんしょう》する
3. 蒸気《じょうき》機関車《きかんしゃ》
4. 問題《もんだい》に対処《たいしょ》する
5. 就職《しゅうしょく》試験《しけん》

名前

6. タオルを干《ほ》す
7. 昔《むかし》の地層《ちそう》
8. 細心《さいしん》の注意《ちゅうい》
9. 無事《ぶじ》に救助《きゅうじょ》する
10. 漢字《かんじ》の形《かたち》に着目《ちゃくもく》

ていねいに なぞり書きを しましょう

1. プロ野球《やきゅう》の試合《しあい》
2. 桜《さくら》の開花《かいか》
3. 貨物列車《かもつれっしゃ》
4. 冷静《れいせい》な判断《はんだん》
5. 手紙《てがみ》を清書《せいしょ》する

名前

6. 箱《はこ》の側面《そくめん》
7. 銀行《ぎんこう》に行《い》く
8. 同《おな》じ部分《ぶぶん》
9. 規則《きそく》正《ただ》しい生活《せいかつ》
10. 校庭《こうてい》の花々《はなばな》

漢字をていねいに書きましょう

名前

1. われわれのかんがえ
2. まつりをでんしょうする
3. じょうききかんしゃ
4. もんだいにたいしょする
5. しゅうしょくしけん
6. タオルをほす
7. むかしのちそう
8. さいしんのちゅうい
9. ぶじにきゅうじょうする
10. かんじのかたちにちゃくもく

漢字をていねいに書きましょう

名前

1. プロやきゅうのしあい
2. さくらのかいか
3. かもつれっしゃ
4. れいせいなはんだん
5. てがみをせいしょする
6. はこのそくめん
7. ぎんこうにいく
8. おなじぶぶん
9. きそくただしいせいかつ
10. こうていのはなばな

まとめテスト(1)

P8
P11
P15

名前

(一問2点)

①□《すな》ぼこり

かたを②〔　〕《ならべる》

新緑の③④□□《しょか》

⑤⑥□□《ちそう》の年代

⑦□《あな》をのぞく

⑧⑨□□《じつりょく》を⑩〔　〕《みとめる》

⑪□《はら》がへる

洗濯《たく》物を⑫〔　〕《ほす》

作品の⑬⑭□□《てんじ》

⑮⑯□□《してん》のちがい

⑰□《さくら》の⑱⑲□□《かいか》

父の⑳㉑□□《せなか》

明日㉒㉓□□《いこう》

㉔㉕□□《ちいき》の人口

㉖㉗□□《いぶつ》混入

㉘□《した》足らず

㉙㉚㉛㉜□□□□《かていほうもん》

ガラスに㉝㉞□□《はんしゃ》する

㉟㊱□□《かいだん》を上がる

たいこの㊲㊳□□《らんだ》

図書館の㊴□《ぞう》書

雨が㊵〔　〕《ふる》

㊶㊷□□《ぎんこう》に㊸㊹□□《しゅうしょく》する

㊺㊻□□《われわれ》の考え

体を㊼〔　〕《あらう》

㊽〔　〕《まつり》を㊾㊿□□《でんしょう》する

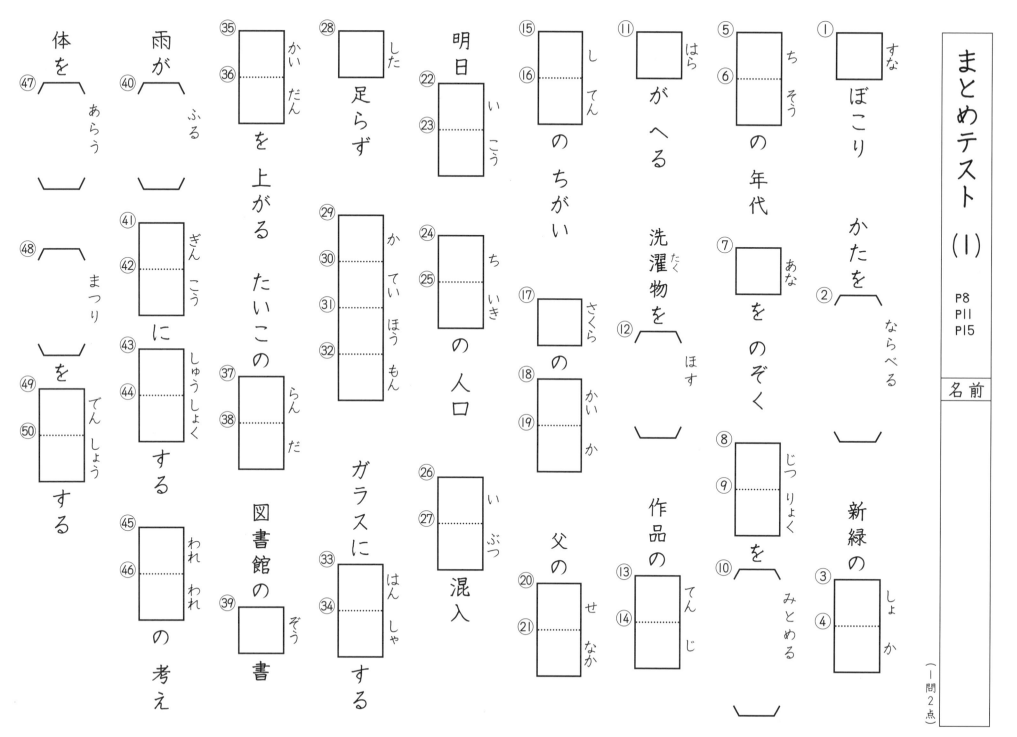

ていねいに読みがなを書きましょう

1. リーグ戦で対戦
2. 今日は晴天だ
3. 共通の部分
4. 荷物を引っ張る
5. 体に関係がある
6. 命の恩人
7. 裁判官になる
8. 法律を守る
9. 脳のはたらき
10. 心臓が悪い

名前

ていねいに読みがなを書きましょう

1. 肺活量の測定
2. 胃をこわす
3. 大腸と小腸
4. 徒歩で往復する
5. 漢字辞典を引く
6. 役所と駅の間
7. 得意な料理
8. 友人を招待する
9. 意味を調べる
10. 漢字を集める

名前

ていねいに なぞり書きを しましょう

名前

1. リーグ戦《せん》で対戦《たいせん》
2. 今日《きょう》は晴天《せいてん》だ
3. 共通《きょうつう》の部分《ぶぶん》
4. 荷物《にもつ》を引《ひ》っ張《ぱ》る
5. 体《からだ》に関係《かんけい》がある
6. 命《いのち》の恩人《おんじん》
7. 裁判官《さいばんかん》になる
8. 法律《ほうりつ》を守《まも》る
9. 脳《のう》のはたらき
10. 心臓《しんぞう》が悪《わる》い

ていねいに なぞり書きを しましょう

名前

1. 肺活量《はいかつりょう》の測定《そくてい》
2. 胃《い》をこわす
3. 大腸《だいちょう》と小腸《しょうちょう》
4. 徒歩《とほ》で往復《おうふく》する
5. 漢字辞典《かんじじてん》を引《ひ》く
6. 役所《やくしょ》と駅《えき》の間《あいだ》
7. 得意《とくい》な料理《りょうり》
8. 友人《ゆうじん》を招待《しょうたい》する
9. 意味《いみ》を調《しら》べる
10. 漢字《かんじ》を集《あつ》める

漢字をていねいに書きましょう

名前

1 リーグせんでたいせん

2 きょうはせいてんだ

3 きょうつうのぶぶん

4 にもつをひっぱる

5 からだにかんけいがある

6 いのちのおんじん

7 さいばんかんになる

8 ほうりつをまもる

9 のうのはたらき

10 しんぞうがわるい

漢字をていねいに書きましょう

名前

1 はいかつりょうのそくてい

2 いをこわす

3 だいちょうとしょうちょう

4 とほでおうふくする

5 かんじてんをひく

6 やくしょとえきのあいだ

7 とくいなりょうり

8 ゆうじんをしょうたいする

9 いみをしらべる

10 かんじをあつめる

書き順に気をつけてていねいに書きましょう

新しく出た漢字
P21~P23
の書き順

名前

映	エイ / うつる・うつす	九画
幕	マク・バク	十三画
補	ホ / おぎなう	十二画
裏	うら	十三画
沿	エン / そう	八画
私	シ / わたくし・わたし	七画
密	ミツ	十一画
呼	コ / よぶ	八画

書き順に気をつけてていねいに書きましょう

新しく出た漢字
P21~P26
の書き順

名前

吸	キュウ / すう	六画
存	ソン・ゾン	六画
刻	コク / きざむ	八画
激	ゲキ / はげしい	十六画
簡	カン	十八画
机	つくえ	六画
難	ナン / むずかしい	十八画
疑	ギ / うたがう	十四画

ていねいに 読みがなを 書きましょう

1. 映画館へ行く
2. 字幕を読む
3. チームを補強
4. 考えを整理する
5. 賛成と反対

名前

6. 具体的な話題
7. 理由を想像する
8. 真実を裏づける
9. 川に沿って歩く
10. 意見を述べる

ていねいに 読みがなを 書きましょう

1. 私の教科書
2. 密接な関係
3. 呼び起こす
4. 実験の参加者
5. 空気を吸いこむ

名前

6. 呼吸を合わせる
7. 大切な要素
8. 脳を流れる血液
9. 性質のちがい
10. 存在しない物

ていねいになぞり書きを しましょう

1 映画館《えいがかん》へ行《い》く

2 字幕《じまく》を読《よ》む

3 チームを補強《ほきょう》

4 考《かんが》えを整理《せいり》する

5 賛成《さんせい》と反対《はんたい》

名前

6 具体的《ぐたいてき》な話題《わだい》

7 理由《りゆう》を想像《そうぞう》する

8 真実《しんじつ》を裏《うら》づける

9 川《かわ》に沿《そ》って歩《ある》く

10 意見《いけん》を述《の》べる

ていねいになぞり書きを しましょう

1 私《わたし》の教科書《きょうかしょ》

2 密接《みっせつ》な関係《かんけい》

3 呼《よ》び起《お》こす

4 実験《じっけん》の参加者《さんかしゃ》

5 空気《くうき》を吸《す》いこむ

名前

6 呼吸《こきゅう》を合《あ》わせる

7 大切《たいせつ》な要素《ようそ》

8 脳《のう》を流《なが》れる血液《けつえき》

9 性質《せいしつ》のちがい

10 存在《そんざい》しない物《もの》

漢字をていねいに書きましょう

名前

1. えいがかんへいく
2. じまくをよむ
3. チームをほきょう
4. かんがえをせいりする
5. さんせいとはんたい
6. ぐたいてきなわだい
7. りゆうをそうぞうする
8. しんじつをうらづける
9. かわにそってあるく
10. いけんをのべる

漢字をていねいに書きましょう

名前

1. わたしのきょうかしょ
2. みっせつなかんけい
3. よびおこす
4. じっけんのさんかしゃ
5. くうきをすいこむ
6. こきゅうをあわせる
7. たいせつなようそ
8. のうをながれるけつえき
9. せいしつのちがい
10. そんざいしないもの

ていねいに読みがなを書きましょう

1. 電車の出る時刻
2. 感激する
3. 回数が減る
4. 一日の時間帯
5. 記録の平均
6. 簡単な検査
7. 机を運ぶ
8. 感覚が異なる
9. 難しい問題
10. 疑問をもつ

名前

ていねいに読みがなを書きましょう

1. 筆者の主張
2. 複数の事例
3. 給食の準備
4. 内容を理解する
5. 研究の結果
6. 意図をさぐる
7. 例文を示す
8. 説得力をもつ
9. 実際の経験
10. 文章を構成する

名前

ていねいになぞり書きを しましょう

名前

1. 電車《でんしゃ》の出《で》る時刻《じこく》
2. 感激《かんげき》する
3. 回数《かいすう》が減《へ》る
4. 一日《いちにち》の時間帯《じかんたい》
5. 記録《きろく》の平均《へいきん》
6. 簡単《かんたん》な検査《けんさ》
7. 机《つくえ》を運《はこ》ぶ
8. 感覚《かんかく》が異《こと》なる
9. 難《むずか》しい問題《もんだい》
10. 疑問《ぎもん》をもつ

ていねいになぞり書きを しましょう

名前

1. 筆者《ひっしゃ》の主張《しゅちょう》
2. 複数《ふくすう》の事例《じれい》
3. 給食《きゅうしょく》の準備《じゅんび》
4. 内容《ないよう》を理解《りかい》する
5. 研究《けんきゅう》の結果《けっか》
6. 意図《いと》をさぐる
7. 例文《れいぶん》を示《しめ》す
8. 説得力《せっとくりょく》をもつ
9. 実際《じっさい》の経験《けいけん》
10. 文章《ぶんしょう》を構成《こうせい》する

漢字をていねいに書きましょう

名前

1. でんしゃのでるじこく
2. かんげきする
3. かいすうがへる
4. いちにちのじかんたい
5. きろくのへいきん
6. かんたんなけんさ
7. つくえをはこぶ
8. かんかくがことなる
9. むずかしいもんだい
10. ぎもんをもつ

漢字をていねいに書きましょう

名前

1. ひっしゃのしゅちょう
2. ふくすうのじれい
3. きゅうしょくのじゅんび
4. ないようをりかいする
5. けんきゅうのけっか
6. いとをさぐる
7. れいぶんをしめす
8. せっとくりょくをもつ
9. じっさいのけいけん
10. ぶんしょうをこうせいする

まとめテスト（2）

P19
P23
P26

名前

（1問2点）

①□《わたし》の②□《つくえ》

③④□□《しんぞう》が悪い

友を⑤（　　）《よぶ》

⑥□《のう》のはたらき

⑦⑧⑨□□□《はいこきゅう》

⑩（　　）《むずかしい》問題

⑪⑫□□《ほうりつ》を守る

⑬⑭⑮□□□《さいばんかん》になる

⑯⑰□□《みっせつ》な関係

表と⑱□《うら》

⑲⑳□□《とほ》で㉑㉒□□《おうふく》

息を㉓（　　）《すう》

㉔㉕□□《ぎもん》をもつ

テストの㉖㉗□□《へいきん》

㉘㉙□□《かんたん》な文

川に㉚（　　）《そう》

㉛㉜㉝㉞□□□□《とくいりょうり》

㉟㊱□□《いちょう》薬

㊲㊳□□《かんげき》のなみだ

出る㊴㊵□□《じこく》

命の㊶㊷□□《おんじん》

身近な㊸㊹□□《そんざい》

㊺㊻□□《えいが》の㊼㊽□□《じまく》

板で㊾㊿□□《ほきょう》する

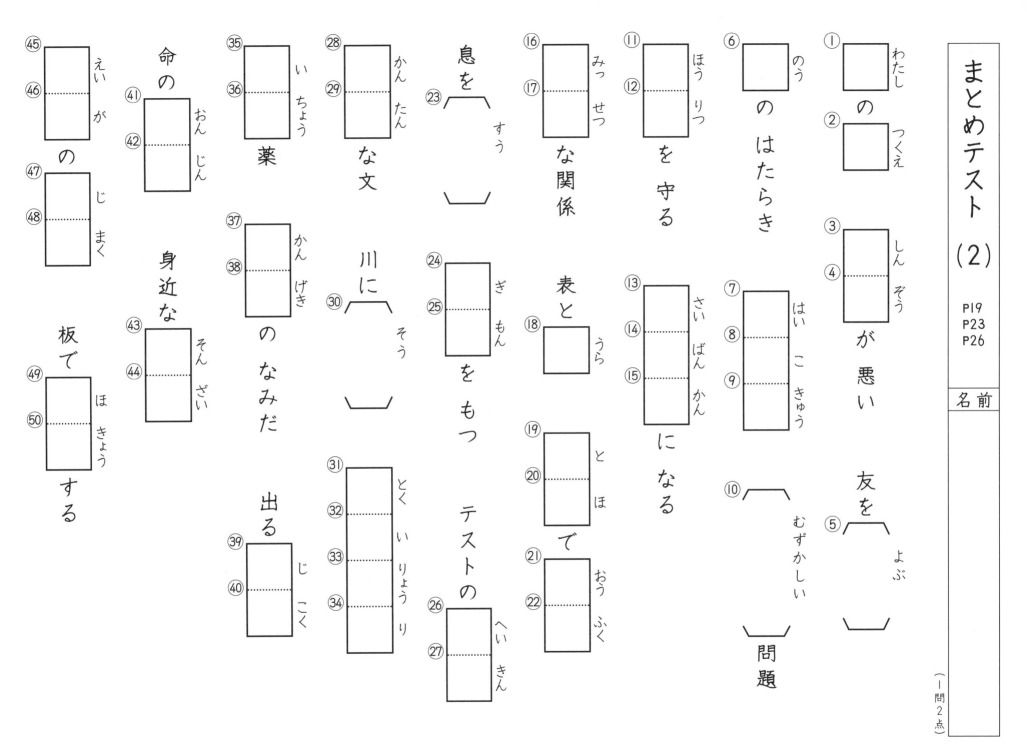

書き順に気をつけてていねいに書きましょう

新しく出た漢字 P29~P34 の書き順

名前

漢字	音	訓	画数
卵		たまご	七画
乳	ニュウ	ちち	八画
創	ソウ	つくる	十二画
敬	ケイ	うやまう	十二画
除	ジョ	のぞく	十画
誤	ゴ	あやまる	十四画
暮		くれる くらす	十四画
探	タン	さがす	十一画
座	ザ		十画

書き順に気をつけてていねいに書きましょう

新しく出た漢字 P32~P34 の書き順

名前

漢字	音	訓	画数
券	ケン		八画
障	ショウ		十四画
派	ハ		九画
警	ケイ		十九画
署	ショ		十三画
銭	セン		十四画
庁	チョウ		五画
訳	ヤク	わけ	十一画

ていねいに読みがなを書きましょう

名前

1. 卵焼きを食べる
2. 牛乳を飲む
3. 創業百年の店
4. 敬語を使う
5. 食材にこだわる
6. 実物を示す
7. 方言と共通語
8. 語順が整わない
9. 不良品を除く
10. 誤解を招く

ていねいに読みがなを書きましょう

名前

1. 内容を整理する
2. 文章で伝える
3. 注意が必要
4. 学習の進め方
5. 楽しみや喜び
6. 日常の生活
7. 豊かな暮らし
8. 写真を探す
9. 細かく思い出す
10. 夜空を見る

ていねいに なぞり書きを しましょう

1 卵焼《たまごや》きを食《た》べる

2 牛乳《ぎゅうにゅう》を飲《の》む

3 創業百年《そうぎょうひゃくねん》の店《みせ》

4 敬語《けいご》を使《つか》う

5 食材《しょくざい》にこだわる

名前

6 実物《じつぶつ》を示《しめ》す

7 方言《ほうげん》と共通語《きょうつうご》

8 語順《ごじゅん》が整《ととの》わない

9 不良品《ふりょうひん》を除《のぞ》く

10 誤解《ごかい》を招《まね》く

ていねいに なぞり書きを しましょう

1 内容《ないよう》を整理《せいり》する

2 文章《ぶんしょう》で伝《つた》える

3 注意《ちゅうい》が必要《ひつよう》

4 学習《がくしゅう》の進《すす》め方《かた》

5 楽《たの》しみや喜《よろこ》び

名前

6 日常《にちじょう》の生活《せいかつ》

7 豊《ゆた》かな暮《く》らし

8 写真《しゃしん》を探《さが》す

9 細《こま》かく思《おも》い出《だ》す

10 夜空《よぞら》を見《み》る

漢字をていねいに書きましょう

1. たまごやきをたべる
2. ぎゅうにゅうをのむ
3. そうぎょうひゃくねんのみせ
4. けいごをつかう
5. しょくざいにこだわる
6. じつぶつをしめす
7. ほうげんときょうつうご
8. ごじゅんがととのわない
9. ふりょうひんをのぞく
10. ごかいをまねく

名前

漢字をていねいに書きましょう

1. ないようをせいりする
2. ぶんしょうでつたえる
3. ちゅういがひつよう
4. がくしゅうのすすめかた
5. たのしみやよろこび
6. にちじょうのせいかつ
7. ゆたかなくらし
8. しゃしんをさがす
9. こまかくおもいだす
10. よぞらをみる

名前

ていねいに読みがなを書きましょう

1 表現を工夫する
2 短歌を作る
3 感想を伝える
4 選んだ題材
5 並べ方を変える

名前

6 星座名を覚える
7 クラス全員
8 文を見比べる
9 主語と述語
10 券売機で買う

ていねいに読みがなを書きましょう

1 パソコンの故障
2 立派な行い
3 警察署が完成
4 祖父が通う銭湯
5 県庁所在地

名前

6 日本語に訳す
7 外国の童話
8 有名な作家
9 大雨警報
10 署名を集める

ていねいに なぞり書きを しましょう

1. 表現《ひょうげん》を工夫《くふう》する
2. 短歌《たんか》を作《つく》る
3. 感想《かんそう》を伝《つた》える
4. 選《えら》んだ題材《だいざい》
5. 並《なら》べ方《かた》を変《か》える

名前

6. 星座名《せいざめい》を覚《おぼ》える
7. クラス全員《ぜんいん》
8. 文《ぶん》を見比《みくら》べる
9. 主語《しゅご》と述語《じゅつご》
10. 券売機《けんばいき》で買《か》う

ていねいに なぞり書きを しましょう

1. パソコンの故障《こしょう》
2. 立派《りっぱ》な行《おこな》い
3. 警察署《けいさつしょ》が完成《かんせい》
4. 祖父《そふ》が通《かよ》う銭湯《せんとう》
5. 県庁所在地《けんちょうしょざいち》

名前

6. 日本語《にっぽんご》に訳《やく》す
7. 外国《がいこく》の童話《どうわ》
8. 有名《ゆうめい》な作家《さっか》
9. 大雨警報《おおあめけいほう》
10. 署名《しょめい》を集《あつ》める

漢字をていねいに書きましょう

名前

1 ひょうげんをくふうする

2 たんかをつくる

3 かんそうをつたえる

4 えらんだだいざい

5 ならべかたをかえる

6 せいざめいをおぼえる

7 クラスぜんいん

8 ぶんをみくらべる

9 しゅごとじゅつご

10 けんばいきでかう

漢字をていねいに書きましょう

名前

1 パソコンのこしょう

2 りっぱなおこない

3 けいさつしょがかんせい

4 そふがかようせんとう

5 けんちょうしょざいち

6 にっぽんごにやくす

7 がいこくのどうわ

8 ゆうめいなさっか

9 おおあめけいほう

10 しょめいをあつめる

書き順に気をつけてていねいに書きましょう

新しく出た漢字 P36~P38 P40~P42 の書き順

名前

宙	チュウ	八画
装	ソウ	十二画
姿	シ・すがた	九画
潮	チョウ・しお	十五画
樹	ジュ	十六画
割	わる・わり	十二画
垂	スイ・たれる・たらす	八画
胸	キョウ・むね	十画
骨	コツ・ほね	十画
厳	ゲン・きびしい	十七画

書き順に気をつけてていねいに書きましょう

新しく出た漢字 P36~P38 の書き順

名前

源	ゲン・みなもと	十三画
策	サク	十二画
忘	わすれる	七画
討	トウ	十画
供	キョウ・そなえる・とも	八画
模	ボ・モ	十四画
冊	サツ	五画
宅	タク	六画
推	スイ	十一画
宇	ウ	六画

ていねいに 読みがなを 書きましょう

名前

1. 習字の手本
2. 東西南北
3. 情報の整理
4. 作物を育てる
5. 伝統的な農業
6. 資料を集める
7. 提案する文章
8. 資源を開発する
9. 解決策を考える
10. 電灯の消し忘れ

ていねいに 読みがなを 書きましょう

名前

1. 節電に取り組む
2. 問題の再検討
3. 食料を供給する
4. 模造紙に書く
5. 現状や問題点
6. 印象深い本
7. 六冊の本を読む
8. 自宅に招く
9. 推理小説が好き
10. 宇宙旅行

ていねいになぞり書きを しましょう

名前

1 習字《しゅうじ》の手本《てほん》

2 東西南北《とうざいなんぼく》

3 情報《じょうほう》の整理《せいり》

4 作物《さくもつ》を育《そだ》てる

5 伝統的《でんとうてき》な農業《のうぎょう》

6 資料《しりょう》を集《あつ》める

7 提案《ていあん》する文章《ぶんしょう》

8 資源《しげん》を開発《かいはつ》する

9 解決策《かいけつさく》を考《かんが》える

10 電灯《でんとう》の消《け》し忘《わす》れ

ていねいになぞり書きを しましょう

名前

1 節電《せつでん》に取《と》り組《く》む

2 問題《もんだい》の再検討《さいけんとう》

3 食料《しょくりょう》を供給《きょうきゅう》する

4 模造紙《もぞうし》に書《か》く

5 現状《げんじょう》や問題点《もんだいてん》

6 印象深《いんしょうぶか》い本《ほん》

7 六冊《ろくさつ》の本《ほん》を読《よ》む

8 自宅《じたく》に招《まね》く

9 推理小説《すいりしょうせつ》が好《す》き

10 宇宙旅行《うちゅうりょこう》

漢字をていねいに書きましょう

名前

1. しゅうじのてほん
2. とうざいなんぼく
3. じょうほうのせいり
4. さくもつをそだてる
5. でんとうてきなのうぎょう
6. しりょうをあつめる
7. ていあんするぶんしょう
8. しげんをかいはつする
9. かいけつさくをかんがえる
10. でんとうのけしわすれ

漢字をていねいに書きましょう

名前

1. せつでんにとりくむ
2. もんだいのさいけんとう
3. しょくりょうをきょうきゅうする
4. もぞうしにかく
5. げんじょうやもんだいてん
6. いんしょうぶかいほん
7. ろくさつのほんをよむ
8. じたくにまねく
9. すいりしょうせつがすき
10. うちゅうりょこう

まとめテスト（3）

P31
P34
P38

名前

（1問2点）

①□《たまご》焼き

②③□□《りっぱ》な行い

④⑤⑥□□□《かいけつさく》を考える

⑦⑧□□《ぎゅうにゅう》を飲む

⑨⑩□□《しげん》の開発

一⑪□《さつ》の本

⑫〔　〕《わすれ》物を⑬〔　〕《さがす》

⑭⑮□□《けんちょう》所在地

⑯⑰□□《けいご》を使う

問題の⑱⑲□□《けんとう》

⑳㉑□□《すいり》小説

㉒㉓㉔□□□《けんばいき》が㉕㉖□□《こしょう》する

食料の㉗㉘□□《きょうきゅう》

㉙㉚□□《せんとう》に通う

日本語に㉛〔　〕《やくす》

日常の㉜〔　〕《くらし》

㉝㉞㉟□□□《けいさつしょ》が完成

㊱㊲□□《うちゅう》旅行

㊳㊴□□《でんとう》を守る

㊵㊶□□《せいざ》を見つける

㊷㊸㊹□□□《もぞうし》に書く

㊺㊻□□《じたく》で読む

㊼㊽㊾㊿□□□□《とうざいなんぼく》

ていねいに 読みがなを 書きましょう

1. 宙を飛ぶ
2. 実験装置
3. 温かくて前向き
4. 風力発電
5. 生き物の生命力

名前

6. 豊かな読書生活
7. 本との関わり方
8. 鏡のような水面
9. 原生林の世界
10. 姿をかくす

ていねいに 読みがなを 書きましょう

1. 潮が引く
2. おいしげる樹林
3. 皿が割れる
4. 糸が垂れ下がる
5. 胸をおどらせる

名前

6. 夕暮れの町
7. 勇気が出る
8. 大きな穴が空く
9. 骨休め
10. 厳しい寒さ

ていねいになぞり書きをしましょう

1 宙《ちゅう》を飛《と》ぶ

2 実験装置《じっけんそうち》

3 温《あたた》かくて前向《まえむ》き

4 風力発電《ふうりょくはつでん》

5 生《い》き物《もの》の生命力《せいめいりょく》

名前

6 豊《ゆた》かな読書生活《どくしょせいかつ》

7 本《ほん》との関《かか》わり方《かた》

8 鏡《かがみ》のような水面《すいめん》

9 原生林《げんせいりん》の世界《せかい》

10 姿《すがた》をかくす

ていねいになぞり書きをしましょう

1 潮《しお》が引《ひ》く

2 おいしげる樹林《じゅりん》

3 皿《さら》が割《わ》れる

4 糸《いと》が垂《た》れ下《さ》がる

5 胸《むね》をおどらせる

名前

6 夕暮《ゆうぐ》れの町《まち》

7 勇気《ゆうき》が出《で》る

8 大《おお》きな穴《あな》が空《あ》く

9 骨休《ほねやす》め

10 厳《きび》しい寒《さむ》さ

漢字をていねいに書きましょう

名前

1 ちゅうをとぶ
2 じっけんそうち
3 あたたかくてまえむき
4 ふうりょくはつでん
5 いきもののせいめいりょく
6 ゆたかなどくしょせいかつ
7 ほんとのかかわりかた
8 かがみのようなすいめん
9 げんせいりんのせかい
10 すがたをかくす

漢字をていねいに書きましょう

名前

1 しおがひく
2 おいしげるじゅりん
3 さらがわれる
4 いとがたれさがる
5 むねをおどらせる
6 ゆうぐれのまち
7 ゆうきがでる
8 おおきなあながあく
9 ほねやすめ
10 きびしいさむさ

書き順に気をつけてていねいに書きましょう

新しく出た漢字 P44~P49 の書き順

名前

勤	キン・つとめる・つとまる	十二画
誌	シ	十四画
延	エン・のびる・のばす	八画
幼	ヨウ・おさない	五画
熟	ジュク	十五画
収	シュウ・おさめる・おさまる	四画
納	ノウ・おさめる・おさまる	十画
縦	ジュウ・たて	十六画
頂	チョウ・いただく・いただき	十一画

書き順に気をつけてていねいに書きましょう

新しく出た漢字 P47~P49 の書き順

名前

忠	チュウ	八画
誠	セイ	十三画
敵	テキ	十五画
蚕	サン・かいこ	十画
仁	ジン	四画
泉	セン・いずみ	九画
系	ケイ	七画
盟	メイ	十三画
臨	リン	十八画

ていねいに読みがなを書きましょう

1 市内に在勤する

2 学習雑誌

3 時間を五分延長

4 大勢の幼児

5 内装工事

6 よくある質問

7 熟語の成り立ち

8 似た意味の漢字

9 水を吸収する

10 月しゃの納入

名前

ていねいに読みがなを書きましょう

1 笑って過ごす

2 考えを交流する

3 背景を理解する

4 難しい話題

5 利用案内を読む

6 複数の情報

7 健康保険証

8 貸出期間の確認

9 第三木曜日

10 歴史資料の展示

名前

ていねいになぞり書きを　しましょう

1 笑《わら》って過《す》ごす
2 考《かんが》えを交流《こうりゅう》する
3 背景《はいけい》を理解《りかい》する
4 難《むずか》しい話題《わだい》
5 利用案内《りようあんない》を読《よ》む

名前

6 複数《ふくすう》の情報《じょうほう》
7 健康保険証《けんこうほけんしょう》
8 貸出期間《かしだしきかん》の確認《かくにん》
9 第三木曜日《だいさんもくようび》
10 歴史資料《れきししりょう》の展示《てんじ》

ていねいになぞり書きを　しましょう

1 市内《しない》に在勤《ざいきん》する
2 学習雑誌《がくしゅうざっし》
3 時間《じかん》を五分延長《ごふんえんちょう》
4 大勢《おおぜい》の幼児《ようじ》
5 内装工事《ないそうこうじ》

名前

6 よくある質問《しつもん》
7 熟語《じゅくご》の成《な》り立《た》ち
8 似《に》た意味《いみ》の漢字《かんじ》
9 水《みず》を吸収《きゅうしゅう》する
10 月《げっ》しゃの納入《のうにゅう》

漢字をていねいに書きましょう

名前

1. わらってすごす
2. かんがえをこうりゅうする
3. はいけいをりかいする
4. むずかしいわだい
5. りようあんないをよむ
6. ふくすうのじょうほう
7. けんこうほけんしょう
8. かしだしきかんのかくにん
9. だいさんもくようび
10. れきししりょうのてんじ

漢字をていねいに書きましょう

名前

1. しないにざいきんする
2. がくしゅうざっし
3. じかんをごふんえんちょう
4. おおぜいのようじ
5. ないそうこうじ
6. よくあるしつもん
7. じゅくごのなりたち
8. にたいみのかんじ
9. みずをきゅうしゅうする
10. げっしゃののうにゅう

ていねいに読みがなを書きましょう

名前

1. 衣類を収納する
2. 縦横に走る道路
3. エベレスト山頂
4. 忠誠をちかう
5. 強敵にぶつかる
6. 養蚕業がさかん
7. 仁愛の心
8. 温泉地をめぐる
9. 洗顔ですっきり
10. 玉石混交の本

ていねいに読みがなを書きましょう

名前

1. 友人に忠告する
2. 誠実な行動
3. 苦楽を共にする
4. 未解決の問題
5. 銀河系の星
6. 加盟店の店主
7. 臨時ニュース
8. 画一的な教え
9. 宇宙飛行士
10. 典型的な意見

ていねいになぞり書きを しましょう

1. 衣類《いるい》を収納《しゅうのう》する
2. 縦横《じゅうおう》に走《はし》る道路《どうろ》
3. エベレスト山頂《さんちょう》
4. 忠誠《ちゅうせい》をちかう
5. 強敵《きょうてき》にぶつかる
6. 養蚕業《ようさんぎょう》がさかん
7. 仁愛《じんあい》の心《こころ》
8. 温泉地《おんせんち》をめぐる
9. 洗顔《せんがん》ですっきり
10. 玉石混交《ぎょくせきこんこう》の本《ほん》

名前

ていねいになぞり書きを しましょう

1. 友人《ゆうじん》に忠告《ちゅうこく》する
2. 誠実《せいじつ》な行動《こうどう》
3. 苦楽《くらく》を共《とも》にする
4. 未解決《みかいけつ》の問題《もんだい》
5. 銀河系《ぎんがけい》の星《ほし》
6. 加盟店《かめいてん》の店主《てんしゅ》
7. 臨時《りんじ》ニュース
8. 画一的《かくいつてき》な教《おし》え
9. 宇宙飛行士《うちゅうひこうし》
10. 典型的《てんけいてき》な意見《いけん》

名前

漢字をていねいに書きましょう

名前

1. いるいをしゅうのうする
2. じゅうおうにはしるどうろ
3. エベレストさんちょう
4. ちゅうせいをちかう
5. きょうてきにぶつかる
6. ようさんぎょうがさかん
7. じんあいのこころ
8. おんせんちをめぐる
9. せんがんですっきり
10. ぎょくせきこんこうのほん

漢字をていねいに書きましょう

名前

1. ゆうじんにちゅうこくする
2. せいじつなこうどう
3. くらくをともにする
4. みかいけつのもんだい
5. ぎんがけいのほし
6. かめいてんのてんしゅ
7. りんじニュース
8. かくいつてきなおしえ
9. うちゅうひこうし
10. てんけいてきないけん

まとめテスト（4）

P42
P46
P49

名前

（1問2点）

①□《すがた》をかくす
魚の②□《ほね》
③④□□《ざっし》を買う
⑤⑥□□《おんせん》

時間を⑦⑧□□《えんちょう》する
⑨⑩□□《せんがん》石けん
⑪⑫□□《さんちょう》をめざす

⑬□《しお》をふく
三さいの⑭⑮□□《ようじ》
⑯⑰□□《きょうてき》な相手

⑱⑲⑳㉑□□□□《じっけんそうち》
おいしげる㉒㉓□□《じゅりん》

㉔〔　　〕《きびしい》自然
㉕㉖□□《ちゅうせい》をちかう
㉗㉘□□《じゅうおう》に走る道

㉙㉚〔　　〕《たれさがる》
ガラスが㉛〔　　〕《われる》
㉜㉝㉞□□□《かめいこく》になる

㉟□《むね》がおどる
㊱㊲□□《じんあい》の心
衣服の㊳㊴□□《しゅうのう》

市内に㊵㊶□□《つうきん》する
㊷㊸㊹□□□《ぎんがけい》の星

四字㊺㊻□□《じゅくご》
㊼㊽□□《りんじ》列車
㊾㊿□□《くらく》を共にする

書き順に気をつけてていねいに書きましょう

新しく出た漢字 P52～P54 の書き順

名前

枚	マイ	八画
縮	シュク／ちぢむ・ちぢまる	十七画
棒	ボウ	十二画
寸	スン	三画
暖	ダン／あたたかい・あたためる	十三画
揮	キ	十二画
晩	バン	十二画
痛	ツウ／いたい・いためる	十二画

枚 枚 枚

縮 縮 縮

棒 棒 棒

寸 寸 寸

暖 暖 暖

揮 揮 揮

晩 晩 晩

痛 痛 痛

書き順に気をつけてていねいに書きましょう

新しく出た漢字 P52～P57 の書き順

名前

批	ヒ	七画
傷	ショウ／きず	十三画
若	わかい	八画
劇	ゲキ	十五画
閉	ヘイ／とじる・しめる	十一画
遺	イ	十五画
翌	ヨク	十一画

批 批 批

傷 傷 傷

若 若 若

劇 劇 劇

閉 閉 閉

遺 遺 遺

翌 翌 翌

ていねいに読みがなを書きましょう

名前

1. 物語の世界
2. 二枚の用紙
3. 谷川の底
4. 銀の色の腹
5. 右側の足
6. 白い岩の上
7. 身が縮む思い
8. 棒を拾う
9. 石を観察する
10. 自然災害

ていねいに読みがなを書きましょう

名前

1. 長男と長女
2. 最新の農業技術
3. 研究室に残る
4. 発車寸前のバス
5. 未来に希望
6. 暖かい春
7. 指揮者の様子
8. 朝晩の食事
9. 足の痛み
10. 作品を批評する

ていねいになぞり書きを しましょう

1. 物語《ものがたり》の世界《せかい》
2. 二枚《にまい》の用紙《ようし》
3. 谷川《たにがわ》の底《そこ》
4. 銀《ぎん》の色《いろ》の腹《はら》
5. 右側《みぎがわ》の足《あし》

名前

6. 白《しろ》い岩《いわ》の上《うえ》
7. 身《み》が縮《ちぢ》む思《おも》い
8. 棒《ぼう》を拾《ひろ》う
9. 石《いし》を観察《かんさつ》する
10. 自然災害《しぜんさいがい》

ていねいになぞり書きを しましょう

1. 長男《ちょうなん》と長女《ちょうじょ》
2. 最新《さいしん》の農業技術《のうぎょうぎじゅつ》
3. 研究室《けんきゅうしつ》に残《のこ》る
4. 発車寸前《はっしゃすんぜん》のバス
5. 未来《みらい》に希望《きぼう》

名前

6. 暖《あたた》かい春《はる》
7. 指揮者《しきしゃ》の様子《ようす》
8. 朝晩《あさばん》の食事《しょくじ》
9. 足《あし》の痛《いた》み
10. 作品《さくひん》を批評《ひひょう》する

漢字をていねいに書きましょう

名前

1. ものがたりのせかい
2. にまいのようし
3. たにがわのそこ
4. ぎんのいろのはら
5. みぎがわのあし
6. しろいいわのうえ
7. みがちぢむおもい
8. ぼうをひろう
9. いしをかんさつする
10. しぜんさいがい

漢字をていねいに書きましょう

名前

1. ちょうなんとちょうじょ
2. さいしんののうぎょうぎじゅつ
3. けんきゅうしつにのこる
4. はっしゃすんぜんのバス
5. みらいにきぼう
6. あたたかいはる
7. しきしゃのようす
8. あさばんのしょくじ
9. あしのいたみ
10. さくひんをひひょうする

ていねいに読みがなを書きましょう

名前

1 追い求めた理想
2 機械の自動化
3 心が傷つく
4 物語の主人公
5 準備を整える
6 若者の集まり
7 人形劇団
8 新しい芸術
9 目を閉じる
10 遺書を見つける

ていねいに読みがなを書きましょう

名前

1 翌日は晴天
2 共同経営者
3 土地改良
4 旅先で発熱する
5 呼吸をする
6 着物を着がえる
7 心配した家族
8 二階に上がる
9 最後の言葉
10 数々の名作

ていねいに なぞり書きを しましょう

1. 追《お》い求《もと》めた理想《りそう》
2. 機械《きかい》の自動化《じどうか》
3. 心《こころ》が傷《きず》つく
4. 物語《ものがたり》の主人公《しゅじんこう》
5. 準備《じゅんび》を整《ととの》える

名前

6. 若者《わかもの》の集《あつ》まり
7. 人形劇団《にんぎょうげきだん》
8. 新《あたら》しい芸術《げいじゅつ》
9. 目《め》を閉《と》じる
10. 遺書《いしょ》を見《み》つける

ていねいに なぞり書きを しましょう

1. 翌日《よくじつ》は晴天《せいてん》
2. 共同経営者《きょうどうけいえいしゃ》
3. 土地改良《とちかいりょう》
4. 旅先《たびさき》で発熱《はつねつ》する
5. 呼吸《こきゅう》をする

名前

6. 着物《きもの》を着《き》がえる
7. 心配《しんぱい》した家族《かぞく》
8. 二階《にかい》に上《あ》がる
9. 最後《さいご》の言葉《ことば》
10. 数々《かずかず》の名作《めいさく》

漢字をていねいに書きましょう

1 おいもとめたりそう

2 きかいのじどうか

3 こころがきずつく

4 ものがたりのしゅじんこう

5 じゅんびをととのえる

名前

6 わかもののあつまり

7 にんぎょうげきだん

8 あたらしいげいじゅつ

9 めをとじる

10 いしょをみつける

漢字をていねいに書きましょう

1 よくじつはせいてん

2 きょうどうけいえいしゃ

3 とちかいりょう

4 たびさきではつねつする

5 こきゅうをする

名前

6 きものをきがえる

7 しんぱいしたかぞく

8 にかいにあがる

9 さいごのことば

10 かずかずのめいさく

書き順に気をつけてていねいに書きましょう

新しく出た漢字 P59~P61 の書き順

名前

論《ロン》	ロン	十五画
班《ハン》	ハン	十画
危《キ》	キ / あぶない	六画
優《ユウ》	ユウ	十七画
善《ゼン》	ゼン / よい	十二画
否《ヒ》	ヒ	七画

練習しましょう

論 班 危 優 善 否

書き順に気をつけてていねいに書きましょう

新しく出た漢字 P59~P61 の書き順

名前

専《セン》	セン	九画
捨《シャ》	シャ / すてる	十一画
窓《ソウ》	ソウ / まど	十一画
至《シ》	シ / いたる	六画
糖《トウ》	トウ	十六画
紅《コウ》	コウ / べに	九画

練習しましょう

専 捨 窓 至 糖 紅

ていねいに読みがなを書きましょう

1 結論を出す
2 班を編成する
3 危険な遊び
4 話し合いの過程
5 記録を取る

名前

6 老人を優先する
7 原因を示す
8 感想を伝え合う
9 改善点をさぐる
10 否定的な考え

ていねいに読みがなを書きましょう

1 専用の自動車
2 ごみを捨てる
3 ガラス窓
4 至急の用事
5 砂糖を加える

名前

6 紅茶を飲む
7 口調がよい詩
8 燃えるごみ
9 委員会に出席
10 正確に伝わる

ていねいに なぞり書きを しましょう

1 結論《けつろん》を出《だ》す
2 班《はん》を編成《へんせい》する
3 危険《きけん》な遊《あそ》び
4 話《はな》し合《あ》いの過程《かてい》
5 記録《きろく》を取《と》る

名前

6 老人《ろうじん》を優先《ゆうせん》する
7 原因《げんいん》を示《しめ》す
8 感想《かんそう》を伝《つた》え合《あ》う
9 改善点《かいぜんてん》をさぐる
10 否定的《ひていてき》な考《かんが》え

ていねいに なぞり書きを しましょう

1 専用《せんよう》の自動車《じどうしゃ》
2 ごみを捨《す》てる
3 ガラス窓《まど》
4 至急《しきゅう》の用事《ようじ》
5 砂糖《さとう》を加《くわ》える

名前

6 紅茶《こうちゃ》を飲《の》む
7 口調《くちょう》がよい詩《し》
8 燃《も》えるごみ
9 委員会《いいんかい》に出席《しゅっせき》
10 正確《せいかく》に伝《つた》わる

漢字をていねいに書きましょう

名前

1 せんようのじどうしゃ
2 ごみをすてる
3 ガラスまど
4 しきゅうのようじ
5 さとうをくわえる
6 こうちゃをのむ
7 くちょうがよいし
8 もえるごみ
9 いいんかいにしゅっせき
10 せいかくにつたわる

漢字をていねいに書きましょう

名前

1 けつろんをだす
2 はんをへんせいする
3 きけんなあそび
4 はなしあいのかてい
5 きろくをとる
6 ろうじんをゆうせんする
7 げんいんをしめす
8 かんそうをつたえあう
9 かいぜんてんをさぐる
10 ひていてきなかんがえ

まとめテスト(5)

P54
P57
P61

名前

(一問2点)

① □《ぼう》を拾う

②③ □□《にまい》の紙

④ （　　）《あたたかい》春

足の⑤ （　　）《いたみ》

セーターが⑥ （　　）《ちぢむ》

⑦⑧ □□《ゆうせん》順位

ごみを⑨ （　　）《すてる》

⑩⑪ □□《ちょうなん》が生まれる

⑫⑬ □□《ひひょう》の言葉

楽団の⑭⑮⑯ □□□《しきしゃ》

⑰⑱ □□《こうちゃ》に⑲⑳ □□《さとう》を入れる

㉑ □《ばん》ご飯

心が㉒ （　　）《きずつく》

㉓㉔㉕ □□□《かいぜんてん》を見つける

発車㉖㉗ □□《すんぜん》

㉘㉙ □□《げきだん》に入る

㉚㉛ □□《きけん》な橋

㉜㉝ □□《わかもの》が集まる

目を㉞ （　　）《とじる》

㉟㊱㊲ □□□《ひていてき》な考え

㊳㊴ □□《いしょ》を残す

㊵㊶ □□《けつろん》が出る

㊷㊸ □□《せんよう》の㊹㊺ □□《まどぐち》

㊻㊼ □□《よくじつ》になる

㊽ □《はん》活動

㊾㊿ □□《しきゅう》帰宅する

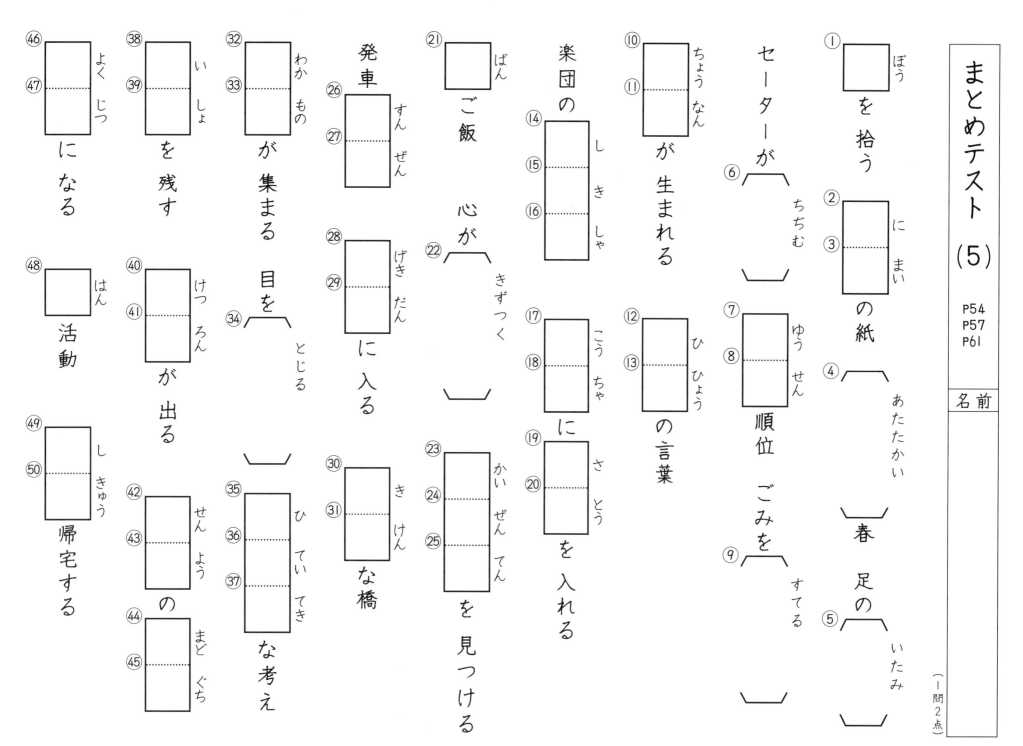

書き順に気をつけてていねいに書きましょう

新しく出た漢字 P64~P66の書き順

名前

筋《キン・すじ》　十二画
ノ ㇐ ⺮ ⺮ 竹 竹 笁 笳 笳 笳 筋 筋

盛《もる》　十一画
ノ 厂 万 成 成 成 成 成 盛 盛 盛

巻《カン・まく・まき》　九画
丶 丷 丷 䒑 半 关 卷 卷 巻

宝《ホウ・たから》　八画
丶 丷 宀 宀 宁 宇 宝 宝

貴《キ》　十二画
丶 冖 口 中 中 中 冉 冉 貴 貴 貴 貴

著《チョ》　十一画
一 十 艹 艹 艹 芏 芏 茡 著 著 著

練習しましょう

著 貴 宝 巻 盛 筋

書き順に気をつけてていねいに書きましょう

新しく出た漢字 P64~P66の書き順

名前

権《ケン》　十五画
一 十 才 木 木 杧 杧 栌 栌 栫 栫 栫 権 権 権

尊《ソン・たっとい・とうとい》　十二画
丶 丷 䒑 屰 屰 屰 酋 酋 酋 尊 尊 尊

担《タン》　八画
一 十 扌 扌 扣 扣 担 担

秘《ヒ》　十画
ノ 二 千 禾 禾 禾 秒 秘 秘 秘

従《ジュウ・したがう・したがえる》　十画
ノ ク 彳 彳 彳 彳 彳 彳 従 従

練習しましょう

従 秘 担 尊 権

ていねいに読みがなを　書きましょう

1. いく筋ものあせ
2. 土が盛り上がる
3. 全巻そろえる
4. 国宝に指定する
5. 絵巻物を見る

名前

6. 正確に観察する
7. 日本文化の特色
8. 宝の持ちぐされ
9. 貴重な品物
10. 友達の報告

ていねいに読みがなを　書きましょう

1. 評価をする
2. 多くの著作
3. 国民の権利
4. 少数意見を尊重
5. 情報を用いる

名前

6. 構想を練る
7. 事例を挙げる
8. そうじの分担
9. 秘密の話
10. 指示に従う

ていねいに
なぞり書きを　しましょう

名前

1 いく筋《すじ》ものあせ

2 土《つち》が盛《も》り上《あ》がる

3 全巻《ぜんかん》そろえる

4 国宝《こくほう》に指定《してい》する

5 絵巻物《えまきもの》を見《み》る

6 正確《せいかく》に観察《かんさつ》する

7 日本文化《にっぽんぶんか》の特色《とくしょく》

8 宝《たから》の持《も》ちぐされ

9 貴重《きちょう》な品物《しなもの》

10 友達《ともだち》の報告《ほうこく》

ていねいに
なぞり書きを　しましょう

名前

1 評価《ひょうか》をする

2 多《おお》くの著作《ちょさく》

3 国民《こくみん》の権利《けんり》

4 少数意見《しょうすういけん》を尊重《そんちょう》

5 情報《じょうほう》を用《もち》いる

6 構想《こうそう》を練《ね》る

7 事例《じれい》を挙《あ》げる

8 そうじの分担《ぶんたん》

9 秘密《ひみつ》の話《はなし》

10 指示《しじ》に従《したが》う

漢字をていねいに書きましょう

名前

1. いくすじものあせ
2. つちがもりあがる
3. ぜんかんそろえる
4. こくほうにしていする
5. えまきものをみる
6. せいかくにかんさつする
7. にっぽんぶんかのとくしょく
8. たからのもちぐされ
9. きちょうなしなもの
10. ともだちのほうこく

漢字をていねいに書きましょう

名前

1. ひょうかをする
2. おおくのちょさく
3. こくみんのけんり
4. しょうすういけんをそんちょう
5. じょうほうをもちいる
6. こうそうをねる
7. じれいをあげる
8. そうじのぶんたん
9. ひみつのはなし
10. しじにしたがう

書きじゅんに 気をつけて ていねいに 書きましょう

奏《ソウ》 九画

郵《ユウ》 十一画

拡《カク》 八画

操《ソウ》 十六画

絹 きぬ 十三画

俵《ヒョウ》 たわら 十画

新しく出た漢字 P68~P70 の書き順

名前

拝《ハイ》 おが**む** 八画

聖《セイ》 十三画

賃《チン》 十三画

孝《コウ》 七画

預《ヨ》 あず**ける** あず**かる** 十三画

書きじゅんに 気をつけて ていねいに 書きましょう

覧《ラン》 十七画

鋼《コウ》 十六画

亡《ボウ》 三画

己《コ》 三画

届 とど**ける** とど**く** 八画

困《コン》 こま**る** 七画

新しく出た漢字 P68~P73 の書き順

名前

看《カン》 九画

尺《シャク》 四画

染《セン》 そ**める** そ**まる** 九画

退《タイ》 しりぞ**く** しりぞ**ける** 九画

ていねいに 読みがなを 書きましょう

1 ピアノの演奏会
2 郵便局が遠い
3 二倍に拡大する
4 不便な場所
5 博士を目ざす

名前

6 漢字学習の秘伝
7 見慣れない形
8 複数の音読み
9 熟語や例文
10 荷台に積む

ていねいに 読みがなを 書きましょう

1 ラジオ体操
2 絹織物の歴史
3 米俵をかつぐ
4 初日の出を拝む
5 聖火リレー

名前

6 家賃をはらう
7 親孝行な子ども
8 銀行に預金する
9 一覧表で調べる
10 鉄鋼の輸出量

ていねいに なぞり書きを しましょう

名前

1 ピアノの演奏会《えんそうかい》

2 郵便局《ゆうびんきょく》が遠《とお》い

3 二倍《にばい》に拡大《かくだい》する

4 不便《ふべん》な場所《ばしょ》

5 博士《はかせ》を目《め》ざす

6 漢字学習《かんじがくしゅう》の秘伝《ひでん》

7 見慣《みな》れない形《かたち》

8 複数《ふくすう》の音読《おんよ》み

9 熟語《じゅくご》や例文《れいぶん》

10 荷台《にだい》に積《つ》む

ていねいに なぞり書きを しましょう

名前

1 ラジオ体操《たいそう》

2 絹織物《きぬおりもの》の歴史《れきし》

3 米俵《こめだわら》をかつぐ

4 初日《はつひ》の出《で》を拝《おが》む

5 聖火《せいか》リレー

6 家賃《やちん》をはらう

7 親孝行《おやこうこう》な子《こ》ども

8 銀行《ぎんこう》に預金《よきん》する

9 一覧表《いちらんひょう》で調《しら》べる

10 鉄鋼《てっこう》の輸出量《ゆしゅつりょう》

漢字をていねいに書きましょう

名前

1. ピアノのえんそうかい
2. ゆうびんきょくがとおい
3. にばいにかくだいする
4. ふべんなばしょ
5. はかせをめざす
6. かんじがくしゅうのひでん
7. みなれないかたち
8. ふくすうのおんよみ
9. じゅくごやれいぶん
10. にだいにつむ

漢字をていねいに書きましょう

名前

1. ラジオたいそう
2. きぬおりもののれきし
3. こめだわらをかつぐ
4. はつひのでをおがむ
5. せいかリレー
6. やちんをはらう
7. おやこうこうなこども
8. ぎんこうによきんする
9. いちらんひょうでしらべる
10. てっこうのゆしゅつりょう

ていねいに読みがなを書きましょう

1 死亡事故の原因
2 黄金のかんむり
3 金具をはずす
4 売り場に行列
5 家路を急ぐ

名前

6 火花を散らす
7 苦手な漢字
8 伝統文化
9 独特の調子
10 昔の言葉

ていねいに読みがなを書きましょう

1 自己を見つめる
2 失敗やまちがい
3 役割を決める
4 手紙が届く
5 ことの外

名前

6 返事に困る
7 病人の看病
8 尺は長さの単位
9 青く染める
10 反則で退場する

ていねいに なぞり書きを しましょう

1 死亡《しぼう》事故《じこ》の原因《げんいん》

2 黄金《おうごん》のかんむり

3 金具《かなぐ》をはずす

4 売《う》り場《ば》に行列《ぎょうれつ》

5 家路《いえじ》を急《いそ》ぐ

6 火花《ひばな》を散《ち》らす

7 苦手《にがて》な漢字《かんじ》

8 伝統文化《でんとうぶんか》

9 独特《どくとく》の調子《ちょうし》

10 昔《むかし》の言葉《ことば》

名前

ていねいに なぞり書きを しましょう

1 自己《じこ》を見《み》つめる

2 失敗《しっぱい》やまちがい

3 役割《やくわり》を決《き》める

4 手紙《てがみ》が届《とど》く

5 ことの外《ほか》

6 返事《へんじ》に困《こま》る

7 病人《びょうにん》の看病《かんびょう》

8 尺《しゃく》は長《なが》さの単位《たんい》

9 青《あお》く染《そ》める

10 反則《はんそく》で退場《たいじょう》する

名前

漢字をていねいに書きましょう

名前

1. しぼうじこのげんいん
2. おうごんのかんむり
3. かなぐをはずす
4. うりばにぎょうれつ
5. いえじをいそぐ
6. ひばなをちらす
7. にがてなかんじ
8. でんとうぶんか
9. どくとくのちょうし
10. むかしのことば

漢字をていねいに書きましょう

名前

1. じこをみつめる
2. しっぱいやまちがい
3. やくわりをきめる
4. てがみがとどく
5. ことのほか
6. へんじにこまる
7. びょうにんのかんびょう
8. しゃくはながさのたんい
9. あおくそめる
10. はんそくでたいじょうする

まとめテスト（6）

P66
P70
P73

名前

（一問2点）

土が①② もりあがる

③④ こくほう の⑤⑥⑦ えまきもの

布を⑧ そめる

仕事の⑨⑩ ぶんたん

おいしさの⑪⑫ ひみつ

指示に⑬ したがう

準備⑭⑮ たいそう

日の出を⑯ おがむ

⑰ たから を探す

⑱⑲⑳ きぬおりもの

㉑㉒ やちん をはらう

㉓㉔ きちょう な品

㉕㉖ しぼう 事故

㉗㉘㉙ おやこうこう

㉚㉛㉜ ちょさくけん を㉝㉞ そんちょう する

一㉟㊱ らんひょう を作る

㊲㊳ かくだい する

㊴㊵ こめだわら

返事に㊶ こまる

㊷㊸ ぜんかん そろう

㊹㊺ せいか リレー

ピアノの㊻㊼ えんそう

㊽㊾㊿ ゆうびんきょく

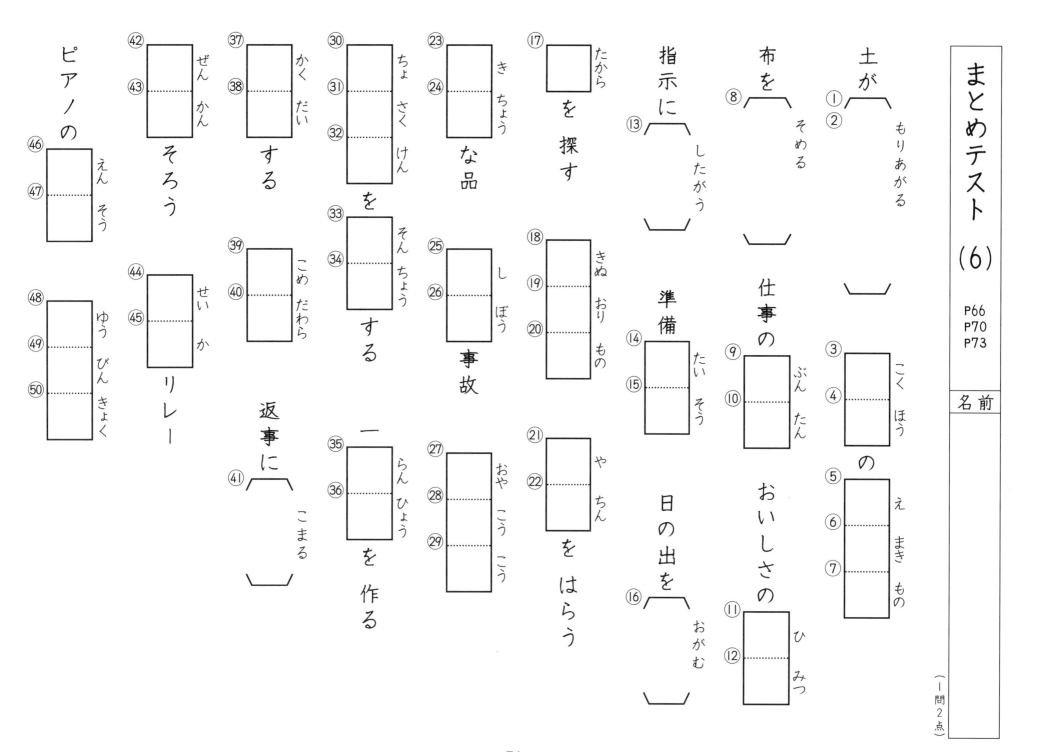

書き順に気をつけてていねいに書きましょう

新しく出た漢字 P76~P81 の書き順

名前

朗	ロウ	十画
片	かた	四画
欲	ヨク	十一画
誕	タン	十五画
穀	コク	十四画
郷	キョウ	十一画
株	かぶ	十画
諸	ショ	十五画
衆	シュウ	十二画

書き順に気をつけてていねいに書きましょう

新しく出た漢字 P79~P81 の書き順

名前

磁	ジ	十四画
皇	コウ オウ	九画
后	コウ	六画
陛	ヘイ	十画
憲	ケン	十六画
党	トウ	十画
閣	カク	十四画
革	カク	九画
宗	シュウ	八画

ていねいに読みがなを書きましょう

名前

1. 代表で朗読する
2. 和語を書き表す
3. 片仮名で書く
4. 欲求不満
5. 人類の誕生
6. 高度な情報伝達
7. 太平洋を航海
8. 効果音を工夫
9. 重宝する
10. 社会が混乱する

ていねいに読みがなを書きましょう

名前

1. 通信の発明
2. 映像を送る
3. 内容の豊富さ
4. 遊びの相談
5. 希望をもつ
6. 技術が上達する
7. 知識や経験
8. 社会の変化
9. 人間関係
10. 研究する能力

ていねいに なぞり書きを しましょう

名前

1. 代表《だいひょう》で朗読《ろうどく》する
2. 和語《わご》を書《か》き表《あらわ》す
3. 片仮名《かたかな》で書《か》く
4. 欲求不満《よっきゅうふまん》
5. 人類《じんるい》の誕生《たんじょう》
6. 高度《こうど》な情報伝達《じょうほうでんたつ》
7. 太平洋《たいへいよう》を航海《こうかい》
8. 効果音《こうかおん》を工夫《くふう》
9. 重宝《ちょうほう》する
10. 社会《しゃかい》が混乱《こんらん》する

ていねいに なぞり書きを しましょう

名前

1. 通信《つうしん》の発明《はつめい》
2. 映像《えいぞう》を送《おく》る
3. 内容《ないよう》の豊富《ほうふ》さ
4. 遊《あそ》びの相談《そうだん》
5. 希望《きぼう》をもつ
6. 技術《ぎじゅつ》が上達《じょうたつ》する
7. 知識《ちしき》や経験《けいけん》
8. 社会《しゃかい》の変化《へんか》
9. 人間関係《にんげんかんけい》
10. 研究《けんきゅう》する能力《のうりょく》

漢字をていねいに書きましょう

名前

1. だいひょうでろうどくする
2. わごをかきあらわす
3. かたかなでかく
4. よっきゅうふまん
5. じんるいのたんじょう
6. こうどなじょうほうでんたつ
7. たいへいようをこうかい
8. こうかおんをくふう
9. ちょうほうする
10. しゃかいがこんらんする

漢字をていねいに書きましょう

名前

1. つうしんのはつめい
2. えいぞうをおくる
3. ないようのほうふさ
4. あそびのそうだん
5. きぼうをもつ
6. ぎじゅつがじょうたつする
7. ちしきやけいけん
8. しゃかいのへんか
9. にんげんかんけい
10. けんきゅうするのうりょく

ていねいに読みがなを書きましょう

1 機械を動かす
2 自動改札口
3 米は穀物の一種
4 収納庫に移す
5 株式会社の社員

名前

6 ヨーロッパ諸国
7 多くの観衆
8 延長戦の末
9 郷里へ帰る
10 一丸となる

ていねいに読みがなを書きましょう

1 十人十色
2 天皇誕生日
3 皇后のお出まし
4 棒磁石で調べる
5 天皇陛下の車

名前

6 憲法記念日
7 政党を選ぶ
8 内閣総理大臣
9 政治の改革
10 宗教を信じる

ていねいに なぞり書きを しましょう

名前

1 機械《きかい》を動《うご》かす
2 自動改札口《じどうかいさつぐち》
3 米《こめ》は穀物《こくもつ》の一種《いっしゅ》
4 収納庫《しゅうのうこ》に移《うつ》す
5 株式会社《かぶしきがいしゃ》の社員《しゃいん》
6 ヨーロッパ諸国《しょこく》
7 多《おお》くの観衆《かんしゅう》
8 延長戦《えんちょうせん》の末《すえ》
9 郷里《きょうり》へ帰《かえ》る
10 一丸《いちがん》となる

ていねいに なぞり書きを しましょう

名前

1 十人《じゅうにん》十《と》色《いろ》
2 天皇誕生日《てんのうたんじょうび》
3 皇后《こうごう》のお出《で》まし
4 棒磁石《ぼうじしゃく》で調《しら》べる
5 天皇陛下《てんのうへいか》の車《くるま》
6 憲法記念日《けんぽうきねんび》
7 政党《せいとう》を選《えら》ぶ
8 内閣総理大臣《ないかくそうりだいじん》
9 政治《せいじ》の改革《かいかく》
10 宗教《しゅうきょう》を信《しん》じる

漢字をていねいに書きましょう

名前

1. きかいをうごかす
2. じどうかいさつぐち
3. こめはこくもつのいっしゅ
4. しゅうのうこにうつす
5. かぶしきがいしゃのしゃいん
6. ヨーロッパしょこく
7. おおくのかんしゅう
8. えんちょうせんのすえ
9. きょうりへかえる
10. いちがんとなる

漢字をていねいに書きましょう

名前

1. じゅうにんといろ
2. てんのうたんじょうび
3. こうごうのおでまし
4. ぼうじしゃくでしらべる
5. てんのうへいかのくるま
6. けんぽうきねんび
7. せいとうをえらぶ
8. ないかくそうりだいじん
9. せいじのかいかく
10. しゅうきょうをしんじる

書き順に気をつけてていねいに書きましょう

新しく出た漢字
P83~P85の書き順

名前

詞《シ》	十二画
宣《セン》	九画
値《チ・ね》	十画
俳《ハイ》	十画
将《ショウ》	十画

練習しましょう

詞 詞 詞
宣 宣 宣
値 値 値
俳 俳 俳
将 将 将

書き順に気をつけてていねいに書きましょう

新しく出た漢字
P83~P85の書き順

名前

針《シン・はり》	十画
灰《はい》	六画
奮《フン・ふるう》	十六画
済《サイ・すむ・すます》	十一画

練習しましょう

針 針 針
灰 灰 灰
奮 奮 奮
済 済 済

ていねいに読みがなを書きましょう

名前

1. 歌詞を暗記する
2. 言葉の順番
3. 印象深い
4. 独特の表現
5. 新製品の宣伝
6. 価値ある品物
7. 俳句の季語
8. 明確な判断
9. 簡単な内容
10. 家の中を整理

ていねいに読みがなを書きましょう

名前

1. 乗馬を体験する
2. 資料の準備
3. 将来の夢
4. 管理栄養士
5. つり針の先
6. 三月の卒業式
7. 灰色の空
8. 勝利に興奮する
9. 宿題が済んだ
10. 漁師になる

ていねいに なぞり書きを しましょう

名前

1 歌詞《かし》を暗記《あんき》する

2 言葉《ことば》の順番《じゅんばん》

3 印象深《いんしょうぶか》い

4 独特《どくとく》の表現《ひょうげん》

5 新製品《しんせいひん》の宣伝《せんでん》

6 価値《かち》ある品物《しなもの》

7 俳句《はいく》の季語《きご》

8 明確《めいかく》な判断《はんだん》

9 簡単《かんたん》な内容《ないよう》

10 家《いえ》の中《なか》を整理《せいり》

ていねいに なぞり書きを しましょう

名前

1 乗馬《じょうば》を体験《たいけん》する

2 資料《しりょう》の準備《じゅんび》

3 将来《しょうらい》の夢《ゆめ》

4 管理栄養士《かんりえいようし》

5 つり針《ばり》の先《さき》

6 三月《さんがつ》の卒業式《そつぎょうしき》

7 灰色《はいいろ》の空《そら》

8 勝利《しょうり》に興奮《こうふん》する

9 宿題《しゅくだい》が済《す》んだ

10 漁師《りょうし》になる

漢字をていねいに書きましょう

名前

1 かしをあんきする
2 ことばのじゅんばん
3 いんしょうぶかい
4 どくとくのひょうげん
5 しんせいひんのせんでん
6 かちあるしなもの
7 はいくのきご
8 めいかくなはんだん
9 かんたんなないよう
10 いえのなかをせいり

漢字をていねいに書きましょう

名前

1 じょうばをたいけんする
2 しりょうのじゅんび
3 しょうらいのゆめ
4 かんりえいようし
5 つりばりのさき
6 さんがつのそつぎょうしき
7 はいいろのそら
8 しょうりにこうふんする
9 しゅくだいがすんだ
10 りょうしになる

まとめテスト(7)

P78
P81
P85

名前

（1問2点）

詩の①②□□《ろうどく》

③④□□《たんじょう》日

⑤⑥□□《きょうり》に⑦〔　〕《かえる》

⑧⑨□□《こくもつ》

ヨーロッパ⑩⑪□□《しょこく》

⑫⑬⑭⑮□□□□《てんのうへいか》

⑯⑰□□《じしゃく》

⑱⑲⑳□□□《かたかな》

物の㉑㉒□□《かち》

㉓㉔□□《はいく》

㉕㉖□□《よっきゅう》不満

㉗㉘□□《えいぞう》を送る

つり㉙□《ばり》

多くの㉚㉛□□《かんしゅう》

㉜㉝□□《せんでん》カー

㉞□《けん》法

内㉟□《かく》総理大臣

㊱㊲□□《こうふん》

㊳㊴□□《しゅうきょう》

㊵㊶□□《はいいろ》

宿題が㊷〔　〕《すむ》

歌の㊸㊹□□《かし》

政治の㊺㊻□□《かいかく》

㊼㊽□□《かぶしき》会社

㊾㊿□□《しょうらい》の夢

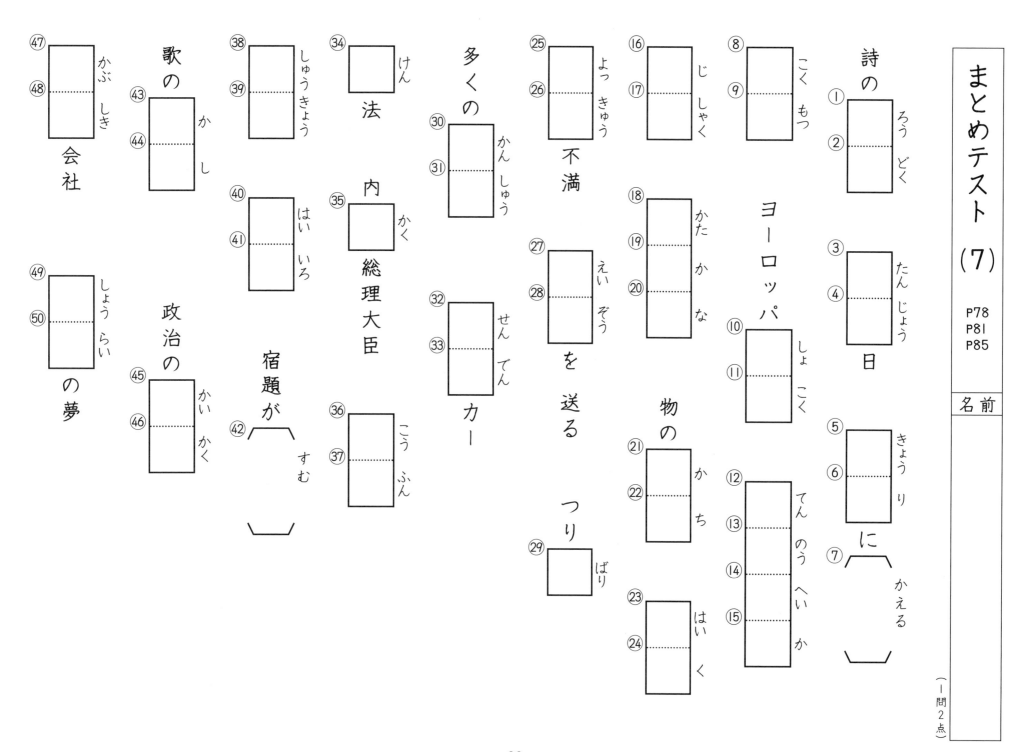

六年生のまとめテスト（1）

名前

（新出漢字50問　1問2点）

① □《すな》場

② □《はら》がへる

③ （　　）《みとめる》

④ 雨（　　）《ふり》

⑤ □《おん》人

⑥ □《あな》の中

⑦ □《した》足らず

⑧ □《しゅう》職

⑨ 心□《ぞう》

⑩ □《い》と

⑪ □《ちょう》

⑫ □《し》力

⑬ 反□《しゃ》

⑭ 伝□《しょう》

⑮ □《はい》活量

⑯ □《ほ》強

⑰ □《つくえ》

⑱ □《い》物混入

⑲ 地□《いき》

⑳ □《ぎ》問

㉑ 対□《しょ》する

㉒ □《さい》判所

㉓ □《せ》中を

㉔ （　　）《あらう》

㉕ □《われ》々

㉖ □《そん》在

㉗ 地□《そう》

㉘ □《みっ》接

㉙ □《らん》打

㉚ □《てん》示

㉛ □《かん》単

㉜ □《ほう》問

㉝ 水□《じょう》気

㉞ □《わたし》

㉟ 階□《だん》

㊱ （　　）《ならぶ》

㊲ 感□《げき》

㊳ 物（　　）《ほし》

㊴ □《えい》画の字

㊵ □《まく》

㊶ 単□《じゅん》

㊷ 法□《りつ》

㊸ □《うら》づけ

㊹ （　　）《よび》声

㊺ （　　）《むずかしい》

㊻ 時□《こく》

㊼ 所□《ぞう》

㊽ □《のう》みそ

㊾ 道に（　　）《そう》

㊿ 呼□《きゅう》

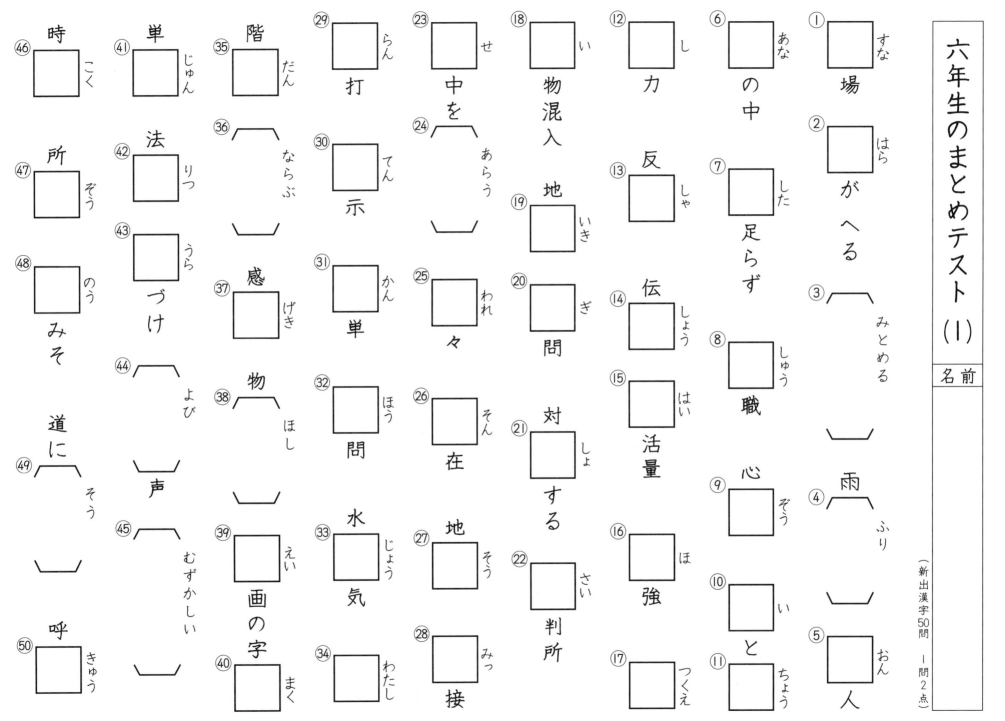

六年生のまとめテスト（2）

名前

（新出漢字50問　1問2点）

① □《けい》語

② 牛□《にゅう》

③ □《ご》解

④ 立□《ぱ》

⑤ 県□《ちょう》所在地

⑥ □《そう》業

⑦ 〔　　〕《わすれる》

⑧ □《すい》理

⑨⑩ □□《う　ちゅう》

⑪ □《すがた》

⑫ 解決□《さく》

⑬ 検□《とう》

⑭ 〔　　〕《たれ》下がる

⑮ □《じゅ》木

⑯ □《ほね》

⑰ 〔　　〕《われる》

⑱ □《たまご》を

⑲ 〔　　〕《のぞく》

⑳ 故□《しょう》

㉑ 〔　　〕《きびしい》

㉒ 出□《きん》

㉓ 雑□《し》

㉔ 英文を〔　　〕《やくす》

㉕ 自□《たく》

㉖ □《しお》が引く

㉗㉘ □□《しゅう　のう》

㉙ □《じゅく》語

㉚ □《きょう》給

㉛ □《そう》置

㉜ □《むね》

㉝ □《じゅう》横に走る

㉞ 強□《てき》

㉟ 〔　　〕《さがす》

㊱ □《けい》察

㊲ □《しょ》

㊳㊴ □□《ちゅう　せい》をちかう

㊵ 養□《さん》

㊶ 日常の〔　　〕《くらし》

㊷ □《さっ》数

㊸ □《えん》長

㊹ □《よう》児

㊺ 山□《ちょう》

㊻ 星□《ざ》

㊼ □《けん》売機

㊽ □《せん》湯

㊾ 資□《げん》

㊿ □《も》造紙

六年生のまとめテスト（3）

名前

（新出漢字50問　1問2点）

①□《りん》時

②温□《せん》

③二□《まい》

④指□《き》者

⑤今□《ばん》

⑥（　）《ちぢむ》

⑦（　）《いたい》

⑧□《い》書

⑨（　）《すてる》

⑩全□《かん》そろう

⑪加□《めい》国

⑫□《じん》愛

⑬□《きず》

⑭□《まど》

⑮□《き》重

⑯分□《たん》

⑰（　）《あたたかい》

⑱□《ひ》評

⑲□《よく》日

⑳□《すじ》を通す

㉑□《ちょ》作

㉒□《けん》

㉓銀河□《けい》

㉔□《すん》法

㉕□《ゆう》便

㉖□《かく》大

㉗演□《そう》

㉘（　）《もり》上がる

㉙□《わか》者

㉚□《せん》用

㉛国□《ほう》

㉜□《たわら》

㉝（　）《おがむ》

㉞体□《そう》

㉟□《げき》

㊱（　）《とじる》

㊲□《し》急

㊳□《ひ》密

㊴□《ゆう》先

㊵□《はん》行動

㊶改□《ぜん》

㊷□《こう》茶

㊸□《そん》重

㊹□《きぬ》

㊺結□《ろん》

㊻□《き》険

㊼木の□《ぼう》

㊽□《ひ》定

㊾砂□《とう》

㊿（　）《したがう》

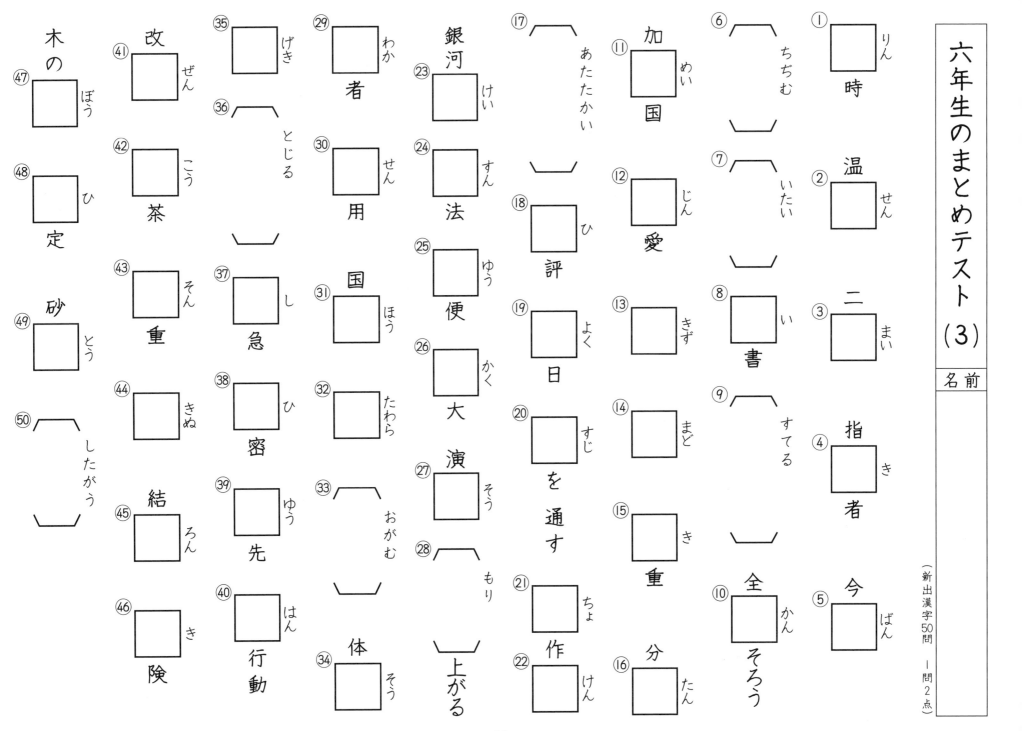

六年生のまとめテスト（4）

名前

（新出漢字41問　●は読み方が新しい漢字9問　1問2点）

①家□《ちん》

②自□《こ》中心

③〔　〕《とどく》

④〔　〕《こまる》

⑤□《たん》生

⑥親□《こう》行

⑦一□《しゃく》

⑧□《かぶ》式会社

⑨歌□《し》

⑩□《はい》色

⑪□《せい》火

⑫□《よ》金

⑬死□《ぼう》

⑭□《よっ》求

⑮宿題が〔　〕《すむ》

⑯□《かん》病

⑰鉄□《こう》

⑱〔　〕《そめる》

⑲□《しゅう》教

⑳興□《ふん》

㉑□《じ》石

㉒一□《らん》表

㉓□《しょ》国

㉔観□《しゅう》

㉕□《せん》伝

㉖□《しょう》来

㉗□《きょう》里

㉘天□《のう》

㉙皇□《ごう》

㉚□《へい》下

㉛□《けん》法

㉜□《たい》場

㉝□《かた》仮名

㉞政□《とう》

㉟内□《かく》

㊱改□《かく》

㊲□《はり》

㊳□《ろう》読

㊴□《こく》物

㊵価□《ち》

㊶□《はい》句

●㊷画□《いつ》的

●㊸夏以□《こう》

●㊹洗□《がん》

●㊺初□《か》

●㊻〔　〕《ことなる》

●㊼□《さい》心

●㊽苦□《らく》

●㊾□《ぎょく》石

●㊿□《こ》吸

力だめし(1)

名前

（新出漢字50問　1問2点）

① 時□《こく》

② 単□《じゅん》

③ □《てん》示

④ □《ほう》問

⑤ □《せ》中

⑥ □《すな》

⑦ 法□《りつ》

⑧ □《しゅう》職

⑨ □《さい》判

⑩ （　）《わすれる》

⑪ □《ほね》

⑫ （　）《きびしい》

⑬ □《した》足らず

⑭ 心□《ぞう》

⑮ □《う》⑯ □《ちゅう》

⑰ 星□《ざ》

⑱ □《よう》児

⑲ 地□《そう》

⑳ □《かん》単

㉑ 故□《しょう》

㉒ □《まど》

㉓ □《ひ》密

㉔ □《げき》

㉕ □《すがた》

㉖ □《むね》

㉗ 山□《ちょう》

㉘ 家□《ちん》

㉙ （　）《こまる》

㉚ □《こく》物

㉛ □《じゅく》語

㉜ □《きず》

㉝ □《かく》大

㉞ 体□《そう》

㉟ （　）《とどく》

㊱ □《よ》金

㊲ （　）《さがす》

㊳ □《よく》日

㊴ □《こう》茶

㊵ □《たん》生

㊶ □《じ》石

㊷ 温□《せん》

㊸ □《はい》色

㊹ （　）《そめる》

㊺ □《しょう》来

㊻ （　）《いたい》

㊼ □《かん》病

㊽ □《たい》場

㊾ □《わか》者

㊿ 砂□《とう》

力だめし(2)

名前

（新出漢字39問　●は読み方が新しい漢字11問　1問2点）

①□《し》力
手②（　）《あらい》
伝③□《しょう》
④□《ほ》強
⑤□《たまご》
牛⑥□《にゅう》

ほら⑦□《あな》
階⑧□《だん》
⑨□《ご》解
自⑩□《たく》
雑⑪□《し》
⑫（　）《ちぢむ》

⑬□《じょう》発
⑭□《われ》々
資⑮□《げん》
⑯⑰□□《しゅうのう》
⑱□《はん》活動

⑲□《えい》画
⑳□《うら》
㉑㉒□□《こきゅう》
㉓□《き》険
㉔□《すじ》みち
国㉕□《ほう》

㉖□《そう》立記念日
㉗（　）《わる》
演㉘□《そう》
㉙□《ゆう》便
㉚□《ろう》読

㉛□《えん》長
㉜（　）《あたたかい》
㉝□《き》重
㉞□《かた》方
㉟□《せい》火

㊱□《も》造紙
㊲□《ばん》ごはん
結㊳□《ろん》
親㊴□《こう》行

息を●㊵（　）《すう》
●㊶□《まき》物
●㊷□《おう》金
●長㊸□《なん》
●磁㊹□《しゃく》

●㊺□《く》調
●㊻□《たから》
ことの●㊼□《ほか》
十人●㊽□《と》色
一●㊾□《がん》
●郷㊿□《り》

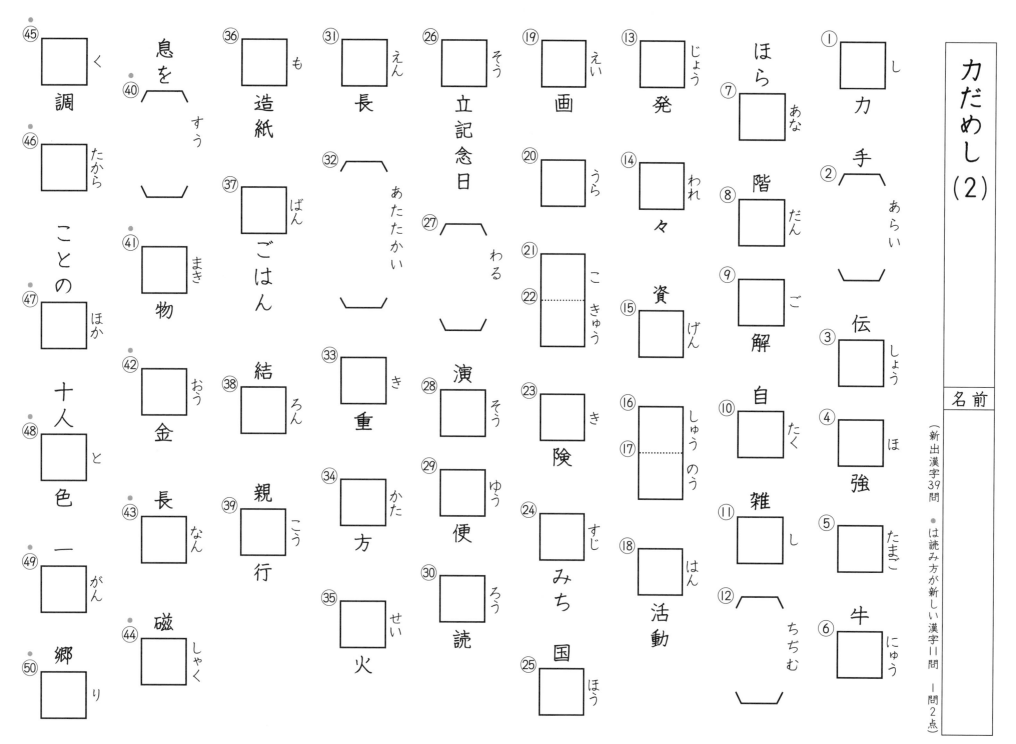

P.16

まとめテスト（1）

P8 P11 P15

名前

（一問2点）

①砂《すな》ぼこり　かたを②〔並《なら》べる〕　新緑の③初《しょ》④夏《か》

⑤地《ち》⑥層《そう》の年代　⑦穴《あな》をのぞく　⑧実《じつ》⑨力《りょく》を⑩〔認《みと》める〕

⑪腹《はら》がへる　洗濯《たく》物を⑫〔干《ほ》す〕　作品の⑬展《てん》⑭示《じ》

⑮視《し》⑯点《てん》のちがい　⑰桜《さくら》の⑱開《かい》⑲花《か》　父の⑳背《せ》㉑中《なか》

明日㉒以《い》㉓降《こう》　㉔地《ち》㉕域《いき》の人口　㉖異《い》㉗物《ぶつ》混入

㉘舌《した》足らず　㉙家《か》㉚庭《てい》㉛訪《ほう》㉜問《もん》　ガラスに㉝反《はん》㉞射《しゃ》する

㉟階《かい》㊱段《だん》を上がる　たいこの㊲乱《らん》㊳打《だ》　図書館の㊴蔵《ぞう》書

雨が㊵〔降《ふ》る〕　㊶銀《ぎん》㊷行《こう》に㊸就《しゅう》㊹職《しょく》する　㊺我《われ》㊻々《われ》の考え

体を㊼〔洗《あら》う〕　㊽〔祭《まつ》り〕を㊾伝《でん》㊿承《しょう》する

16

P.27

まとめテスト（2）

P19 P23 P26

名前

（一問2点）

①私《わたし》の②机《つくえ》　③心《しん》④臓《ぞう》が悪い　友を⑤〔呼《よ》ぶ〕

⑥脳《のう》のはたらき　⑦肺《はい》⑧呼《こ》⑨吸《きゅう》　⑩〔難《むずか》しい〕問題

⑪法《ほう》⑫律《りつ》を守る　⑬裁《さい》⑭判《ばん》⑮官《かん》になる

⑯密《みっ》⑰接《せつ》な関係　表と⑱裏《うら》　⑲徒《と》⑳歩《ほ》で㉑往《おう》㉒復《ふく》

息を㉓〔吸《す》う〕　㉔疑《ぎ》㉕問《もん》をもつ　テストの㉖平《へい》㉗均《きん》

㉘簡《かん》㉙単《たん》な文　川に㉚〔沿《そ》う〕　㉛得《とく》㉜意《い》㉝料《りょう》㉞理《り》

㉟胃《い》㊱腸《ちょう》薬　㊲感《かん》㊳激《げき》のなみだ　出る㊴時《じ》㊵刻《こく》

命の㊶恩《おん》㊷人《じん》　身近な㊸存《そん》㊹在《ざい》

㊺映《えい》㊻画《が》の㊼字《じ》㊽幕《まく》　板で㊾補《ほ》㊿強《きょう》する

27

P.39

まとめテスト（3）

P31 P34 P38

名前

（一問2点）

①卵《たまご》焼き　②立《りっ》③派《ぱ》な行い　④解《かい》⑤決《けつ》⑥策《さく》を考える

⑦牛《ぎゅう》⑧乳《にゅう》を飲む　⑨資《し》⑩源《げん》の開発　一⑪冊《さつ》の本

⑫〔忘《わす》れ〕物を⑬〔探《さが》す〕　⑭県《けん》⑮庁《ちょう》所在地

⑯敬《けい》⑰語《ご》を使う　問題の⑱検《けん》⑲討《とう》　⑳推《すい》㉑理《り》小説

㉒券《けん》㉓売《ばい》㉔機《き》が㉕故《こ》㉖障《しょう》する　食料の㉗供《きょう》㉘給《きゅう》

㉙銭《せん》㉚湯《とう》に通う　日本語に㉛〔訳《やく》す〕　日常の㉜〔暮《く》らし〕

㉝警《けい》㉞察《さつ》㉟署《しょ》が完成　㊱宇《う》㊲宙《ちゅう》旅行　㊳伝《でん》㊴統《とう》を守る

㊵星《せい》㊶座《ざ》を見つける　㊷模《も》㊸造《ぞう》㊹紙《し》に書く

㊺自《じ》㊻宅《たく》で読む　㊼東《とう》㊽西《ざい》㊾南《なん》㊿北《ぼく》

39

P.50

まとめテスト（4）

P42 P46 P49

名前

（一問2点）

①姿《すがた》をかくす　魚の②骨《ほね》　③雑《ざっ》④誌《し》を買う　⑤温《おん》⑥泉《せん》

時間を⑦延《えん》⑧長《ちょう》する　⑨洗《せん》⑩顔《がん》石けん　⑪山《さん》⑫頂《ちょう》をめざす

⑬潮《しお》をふく　三さいの⑭幼《よう》⑮児《じ》　⑯強《きょう》⑰敵《てき》な相手

⑱実《じっ》⑲験《けん》⑳装《そう》㉑置《ち》　おいしげる㉒樹《じゅ》㉓林《りん》

㉔〔厳《きび》しい〕自然　㉕忠《ちゅう》㉖誠《せい》をちかう　㉗縦《じゅう》㉘横《おう》に走る道

㉙㉚〔垂《た》れ下《さ》がる〕　ガラスが㉛〔割《わ》れる〕　㉜加《か》㉝盟《めい》㉞国《こく》になる

㉟胸《むね》がおどる　㊱仁《じん》㊲愛《あい》の心　衣服の㊳収《しゅう》㊴納《のう》

市内に㊵通《つう》㊶勤《きん》する　㊷銀《ぎん》㊸河《が》㊹系《けい》の星

四字㊺熟《じゅく》㊻語《ご》　㊼臨《りん》㊽時《じ》列車　㊾苦《く》㊿楽《らく》を共にする

50

P.62

まとめテスト (5)

P54 P57 P61

名前

(1問2点)

①棒《ぼう》を拾う　②③二枚《にまい》の紙　④暖かい《あたたかい》春　足の⑤痛み《いたみ》

セーターが⑥縮む《ちぢむ》　⑦⑧優先《ゆうせん》順位　ごみを⑨捨てる《すてる》

⑩⑪長男《ちょうなん》が生まれる　⑫⑬批評《ひひょう》の言葉

楽団の⑭⑮⑯指揮者《しきしゃ》　⑰⑱紅茶《こうちゃ》に⑲⑳砂糖《さとう》を入れる

㉑晩《ばん》ご飯　心が㉒傷つく《きずつく》　㉓㉔㉕改善点《かいぜんてん》を見つける

発車㉖㉗寸前《すんぜん》　㉘㉙劇団《げきだん》に入る　㉚㉛危険《きけん》な橋

㉜㉝若者《わかもの》が集まる　目を㉞閉じる《とじる》　㉟㊱㊲否定的《ひていてき》な考え

㊳㊴遺書《いしょ》を残す　㊵㊶結論《けつろん》が出る　㊷㊸専用《せんよう》の㊹㊺窓口《まどぐち》

㊻㊼翌日《よくじつ》になる　㊽班《はん》活動　㊾㊿至急《しきゅう》帰宅する

P.74

まとめテスト (6)

P66 P70 P73

名前

(1問2点)

土が①②盛り上がる《もりあがる》　③④国宝《こくほう》の⑤⑥⑦絵巻物《えまきもの》

布を⑧染める《そめる》　仕事の⑨⑩分担《ぶんたん》　おいしさの⑪⑫秘密《ひみつ》

指示に⑬従う《したがう》　準備⑭⑮体操《たいそう》　日の出を⑯拝む《おがむ》

⑰宝《たから》を探す　⑱⑲⑳絹織物《きぬおりもの》　㉑㉒家賃《やちん》をはらう

㉓㉔貴重《きちょう》な品　㉕㉖死亡《しぼう》事故　㉗㉘㉙親孝行《おやこうこう》

㉚㉛㉜著作権《ちょさくけん》を㉝㉞尊重《そんちょう》する　一㉟㊱覧表《らんひょう》を作る

㊲㊳拡大《かくだい》する　㊴㊵米俵《こめだわら》　返事に㊶困る《こまる》

㊷㊸全巻《ぜんかん》そろう　㊹㊺聖火《せいか》リレー

ピアノの㊻㊼演奏《えんそう》　㊽㊾㊿郵便局《ゆうびんきょく》

P.86

まとめテスト (7)

P78 P81 P85

名前

(1問2点)

詩の①②朗読《ろうどく》　③④誕生《たんじょう》日　⑤⑥郷里《きょうり》に⑦帰る《かえる》

⑧⑨穀物《こくもつ》　ヨーロッパ⑩⑪諸国《しょこく》　⑫⑬⑭⑮天皇陛下《てんのうへいか》

⑯⑰磁石《じしゃく》　⑱⑲⑳片仮名《かたかな》　物の㉑㉒価値《かち》　㉓㉔俳句《はいく》

㉕㉖欲求《よっきゅう》不満　㉗㉘映像《えいぞう》を送る　つり㉙針《ばり》

多くの㉚㉛観衆《かんしゅう》　㉜㉝宣伝《せんでん》カー

㉞憲《けん》法　内㉟閣《かく》総理大臣　㊱㊲興奮《こうふん》

㊳㊴宗教《しゅうきょう》　㊵㊶灰色《はいいろ》　宿題が㊷済む《すむ》

歌の㊸㊹歌詞《かし》　政治の㊺㊻改革《かいかく》

㊼㊽株式《かぶしき》会社　㊾㊿将来《しょうらい》の夢

P.87

六年生のまとめテスト (1)

名前

(新出漢字50問　1問2点)

①砂《すな》場　②腹《はら》がへる　③認める《みとめる》　雨④降り《ふり》　⑤恩《おん》人

⑥穴《あな》の中　⑦舌《した》足らず　⑧就《しゅう》職　心⑨臓《ぞう》　⑩胃《い》と⑪腸《ちょう》

⑫視《し》力　反⑬射《しゃ》　伝⑭承《しょう》　⑮肺《はい》活量　⑯補《ほ》強　⑰机《つくえ》

⑱異《い》物混入　地⑲域《いき》　⑳疑《ぎ》問　対㉑処《しょ》する　㉒裁《さい》判所

㉓背《せ》中を㉔洗う《あらう》　㉕我《われ》々　㉖存《そん》在　地㉗層《そう》　㉘密《みっ》接

㉙乱《らん》打　㉚展《てん》示　㉛簡《かん》単　㉜訪《ほう》問　水㉝蒸《じょう》気　㉞私《わたし》

階㉟段《だん》　㊱並ぶ《ならぶ》　感㊲激《げき》　物㊳干し《ほし》　㊴映《えい》画の字㊵幕《まく》

単㊶純《じゅん》　法㊷律《りつ》　㊸裏《うら》づけ　㊹呼び《よび》声　㊺難しい《むずかしい》

時㊻刻《こく》　所㊼蔵《ぞう》　㊽脳《のう》みそ　道に㊾沿う《そう》　呼㊿吸《きゅう》

P.88

六年生のまとめテスト（2）

名前

（新出漢字50問　1問2点）

① 敬《けい》語
② 牛乳《にゅう》
③ 誤《ご》解
④ 立派《ぱ》
⑤ 県庁《ちょう》所在地
⑥ 創《そう》業
⑦ 忘れる《わすれる》
⑧ 推《すい》理
⑨⑩ 宇《う》宙《ちゅう》
⑪ 姿《すがた》
⑫ 解決策《さく》
⑬ 検討《とう》
⑭ 垂れ《たれ》下がる
⑮ 樹《じゅ》木
⑯ 骨《ほね》
⑰ 割れる《われる》
⑱ 卵《たまご》を
⑲ 除く《のぞく》
⑳ 故障《しょう》
㉑ 厳しい《きびしい》
㉒ 出勤《きん》
㉓ 雑誌《し》
㉔ 英文を訳す《やくす》
㉕ 自宅《たく》
㉖ 潮《しお》が引く
㉗㉘ 収《しゅう》納《のう》
㉙ 熟《じゅく》語
㉚ 供《きょう》給
㉛ 装《そう》置
㉜ 胸《むね》
㉝ 縦《じゅう》横に走る
㉞ 強敵《てき》
㉟ 探す《さがす》
㊱ 警《けい》察
㊲ 署《しょ》
㊳㊴ 忠《ちゅう》誠《せい》をちかう
㊵ 養蚕《さん》
㊶ 日常の暮らし《くらし》
㊷ 冊《さつ》数
㊸ 延《えん》長
㊹ 幼《よう》児
㊺ 山頂《ちょう》
㊻ 星座《ざ》
㊼ 券《けん》売機
㊽ 銭《せん》湯
㊾ 資源《げん》
㊿ 模《も》造紙

88

P.89

六年生のまとめテスト（3）

名前

（新出漢字50問　1問2点）

① 臨《りん》時
② 温泉《せん》
③ 二枚《まい》
④ 指揮《き》者
⑤ 今晩《ばん》
⑥ 縮む《ちぢむ》
⑦ 痛い《いたい》
⑧ 遺《い》書
⑨ 捨てる《すてる》
⑩ 全巻《かん》そろう
⑪ 加盟《めい》国
⑫ 仁《じん》愛
⑬ 傷《きず》
⑭ 窓《まど》
⑮ 貴《き》重
⑯ 分担《たん》
⑰ 暖かい《あたたかい》
⑱ 批《ひ》評
⑲ 翌《よく》日
⑳ 筋《すじ》を通す
㉑ 著《ちょ》作
㉒ 権《けん》
㉓ 銀河系《けい》
㉔ 寸《すん》法
㉕ 郵《ゆう》便
㉖ 拡《かく》大
㉗ 演奏《そう》
㉘ 盛り《もり》上がる
㉙ 若《わか》者
㉚ 専《せん》用
㉛ 国宝《ほう》
㉜ 俵《たわら》
㉝ 拝む《おがむ》
㉞ 体操《そう》
㉟ 劇《げき》
㊱ 閉じる《とじる》
㊲ 至《し》急
㊳ 秘《ひ》密
㊴ 優《ゆう》先
㊵ 班《はん》行動
㊶ 改善《ぜん》
㊷ 紅《こう》茶
㊸ 尊《そん》重
㊹ 絹《きぬ》
㊺ 結論《ろん》
㊻ 危《き》険
㊼ 木の棒《ぼう》
㊽ 否《ひ》定
㊾ 砂糖《とう》
㊿ 従う《したがう》

89

P.90

六年生のまとめテスト（4）

名前

（新出漢字41問　＊は読み方が新しい漢字9問　1問2点）

① 家賃《ちん》
② 自己《こ》中心
③ 届く《とどく》
④ 困る《こまる》
⑤ 誕《たん》生
⑥ 親孝《こう》行
⑦ 一尺《しゃく》
⑧ 株《かぶ》式会社
⑨ 歌詞《し》
⑩ 灰《はい》色
⑪ 聖《せい》火
⑫ 預《よ》金
⑬ 死亡《ぼう》
⑭ 欲《よっ》求
⑮ 宿題が済む《すむ》
⑯ 看《かん》病
⑰ 鉄鋼《こう》
⑱ 染める《そめる》
⑲ 宗《しゅう》教
⑳ 興奮《ふん》
㉑ 磁《じ》石
㉒ 一覧《らん》表
㉓ 諸《しょ》国
㉔ 観衆《しゅう》
㉕ 宣《せん》伝
㉖ 将《しょう》来
㉗ 郷《きょう》里
㉘ 天皇《のう》
㉙ 皇后《ごう》
㉚ 陛《へい》下
㉛ 憲《けん》法
㉜ 退《たい》場
㉝ 片《かた》仮名
㉞ 政党《とう》
㉟ 内閣《かく》
㊱ 改革《かく》
㊲ 針《はり》
㊳ 朗《ろう》読
㊴ 穀《こく》物
㊵ 価値《ち》
㊶ 俳《はい》句
＊㊷ 画一《いつ》的
＊㊸ 夏以降《こう》
＊㊹ 洗顔《がん》
＊㊺ 初夏《か》
＊㊻ 異なる《ことなる》
＊㊼ 細《さい》心
＊㊽ 苦楽《らく》
＊㊾ 玉《ぎょく》石
＊㊿ 呼《こ》吸

90

P.91

力だめし（1）

名前

（新出漢字50問　1問2点）

① 時刻《こく》
② 単純《じゅん》
③ 展《てん》示
④ 訪《ほう》問
⑤ 背《せ》中
⑥ 砂《すな》
⑦ 法律《りつ》
⑧ 就《しゅう》職
⑨ 裁《さい》判
⑩ 忘れる《わすれる》
⑪ 骨《ほね》
⑫ 厳しい《きびしい》
⑬ 舌《した》足らず
⑭ 心臓《ぞう》
⑮⑯ 宇《う》宙《ちゅう》
⑰ 星座《ざ》
⑱ 幼《よう》児
⑲ 地層《そう》
⑳ 簡《かん》単
㉑ 故障《しょう》
㉒ 窓《まど》
㉓ 秘《ひ》密
㉔ 劇《げき》
㉕ 姿《すがた》
㉖ 胸《むね》
㉗ 山頂《ちょう》
㉘ 家賃《ちん》
㉙ 困る《こまる》
㉚ 穀《こく》物
㉛ 熟《じゅく》語
㉜ 傷《きず》
㉝ 拡《かく》大
㉞ 体操《そう》
㉟ 届く《とどく》
㊱ 預《よ》金
㊲ 探す《さがす》
㊳ 翌《よく》日
㊴ 紅《こう》茶
㊵ 誕《たん》生
㊶ 磁《じ》石
㊷ 温泉《せん》
㊸ 灰《はい》色
㊹ 染める《そめる》
㊺ 将《しょう》来
㊻ 痛い《いたい》
㊼ 看《かん》病
㊽ 退《たい》場
㊾ 若《わか》者
㊿ 砂糖《とう》

91

P.92

力だめし（2）

名前

（新出漢字39問　＊は読み方が新しい漢字11問　1問2点）

① 視《し》力
② 手洗い《あらい》
③ 伝承《しょう》
④ 補《ほ》強
⑤ 卵《たまご》
⑥ 牛乳《にゅう》
⑦ ほら穴《あな》
⑧ 階段《だん》
⑨ 誤《ご》解
⑩ 自宅《たく》
⑪ 雑誌《し》
⑫ 縮む《ちぢむ》
⑬ 蒸《じょう》発
⑭ 我《われ》々
⑮ 資源《げん》
⑯⑰ 収《しゅう》納《のう》
⑱ 班《はん》活動
⑲ 映《えい》画
⑳ 裏《うら》
㉑㉒ 呼《こ》吸《きゅう》
㉓ 危《き》険
㉔ 筋《すじ》みち
㉕ 国宝《ほう》
㉖ 創《そう》立記念日
㉗ 割る《わる》
㉘ 演奏《そう》
㉙ 郵《ゆう》便
㉚ 朗《ろう》読
㉛ 延《えん》長
㉜ 暖かい《あたたかい》
㉝ 貴《き》重
㉞ 片《かた》方
㉟ 聖《せい》火
㊱ 模《も》造紙
㊲ 晩《ばん》ごはん
㊳ 結論《ろん》
㊴ 親孝《こう》行
＊㊵ 息を吸う《すう》
＊㊶ 巻《まき》物
＊㊷ 黄《おう》金
＊㊸ 長男《なん》
＊㊹ 磁石《しゃく》
＊㊺ 口《く》調
＊㊻ 宝《たから》
＊㊼ ことの外《ほか》
＊㊽ 十人十《と》色
＊㊾ 一丸《がん》
＊㊿ 郷里《り》

92

新版　くりかえし漢字練習プリント 6年

2021年3月10日　第1刷発行

著　　者：椹木 マサ子　原田 善造（他10名）

発 行 者：岸本 なおこ
発 行 所：喜楽研（わかる喜び学ぶ楽しさを創造する教育研究所）
〒604-0827　京都府京都市中京区高倉通二条下ル瓦町 543-1
TEL　075-213-7701　FAX　075-213-7706
HP　https://www.kirakuken.co.jp/
印　　刷：株式会社米谷

ISBN:978-4-86277-334-0

Printed in Japan